वक्री ग्रह

(RETROGRADE PLANET)

{वक्री ग्रह के अनुसंधान पर राष्ट्रभाषा हिन्दी में लिखी गई सर्वप्रथम पुस्तक जिसने फलित ज्योतिष में नये आयाम प्रस्तुत कर अन्तर्राष्ट्रीय कीर्ति स्थापित की है।}

वक्री ग्रह

(RETROGRADE PLANET)

{वक्री ग्रह के अनुसंधान पर राष्ट्रभाषा हिन्दी में लिखी गई सर्वप्रथम पुस्तक जिसने फलित ज्योतिष में नये आयाम प्रस्तुत कर अन्तर्राष्ट्रीय कीर्ति स्थापित की है।}

डॉ. भोजराज द्विवेदी, एम. ए. संस्कृत (दर्शन)
प्राच्यविद्या महामहोपाध्याय
ज्योतिष शिरोमणि, ज्योतिष सम्राट, लब्ध स्वर्णपदक
रिसर्च स्कॉलर (ज्योतिष)
जोधपुर विश्वविद्यालय, जोधपुर

डायमंड बुक्स

प्रकाशक : डायमंड पॉकेट बुक्स (प्रा.) लि.
X-30 ओखला इंडस्ट्रियल एरिया, फेज-II
नई दिल्ली-110020
फोन : 011-40712200
ई-मेल : wecare@diamondbooks.in
वेबसाइट : www.diamondbooks.in
संस्करण : 2025
मुद्रक : रेप्रो (इंडिया)

Vakri Grah

By : Dr. Bhojraj Dwivedi

अनुक्रम

विषय प्रवेश

फलित ज्योतिष में 'वक्री ग्रह' को लेकर जब भी चर्चा होती है, अनेक प्रकार की किंवदन्तियां, चर्चाएं और कपोल कल्पनाओं को लेकर बात वहीं पर खतम हो जाती है, प्राय: जहां से शुरू हुई थी। ग्रह के वक्री होने पर जातक विशेष के जीवन में क्या घटना घटित होनी चाहिए? ग्रह विशेष जिस राशि या जिस भाव में वक्री हुआ है, उस भाव या राशि विशेष का फलादेश प्रामाणिक रूप से क्या होना चाहिए? इस पर प्राय: ज्योतिष मौन हो जाते हैं, चुप्पी साध लेते हैं, और टालमटोल करने लग जाते हैं। क्योंकि वक्री ग्रह को लेकर फलित ज्योतिष में विशेष कुछ भी नहीं लिखा गया है तथा न ही इस विषय पर कहीं से कोई स्वतंत्र ग्रन्थ की उपलब्धि होती है।

संस्कृत में वक्री का अर्थ होता है कुटिल। घुमावदार रास्ते से चलने वाला, छल-कपट करने वाले व्यक्ति को 'वक्री कहा जाता है। अंग्रेजों में (**Retrograde**) शब्द विपरीत, उलटा या पीछे की ओर जाने वाली क्रिया के रूप में काम आता है। तथा किसी भी नक्षत्र व ग्रह के पिछली ओर की (उलटी) गति को 'रिट्रोग्रेडेशन' (**Retrogradation**) कहा जाता है परन्तु वास्तव में ग्रह, जो कि किसी एक आकर्षण घेरे में निश्चित गति से लगातार घूमते रहते हैं, वे कभी वक्री नहीं हो सकते। वे कभी उलटे नहीं चलते। यदि एक क्षण के लिए ऐसी कल्पना कर भी ली जाये तो ऐसी स्थिति में तत्काल सारी सृष्टि और भू-मण्डल का नाश हो जायेगा। व्यावहारिक तौर पर मान लीजिए, हम किसी वाहन में तेज गति से एक निश्चित दिशा की ओर जा रहे हैं, उस स्थिति में ऐसा कभी नहीं हो सकता कि हमारा वाहन एकाएक उलटा, विपरीत दिशा में चलने लग जाय। यकायक विपरीत दिशा में गति देने के लिए वाहन को पहले तेजी से ब्रेक लगाना पड़ेगा। तेज गति में चलने वाले वाहन पर एकाएक रोक लगा देने से जिस प्रकार की भीषण दुर्घटना व कम्पायमान स्थिति की कल्पना की जा सकती है ठीक उससे लाख-करोड़ गुणा अधिक भीषण भूकम्प व दुर्घटना की आशंका पृथ्वी या किसी भी ग्रह के यकायक रुकने से क्षण मात्र में घटित हो सकती है। फिर भी हम ज्योतिषी लोग ग्रहों की गणित के माध्यम से पंचांगों में, जन्त्रियों में, व एफेमेरीज में ऐसा लिखते आ रहे हैं कि अमुक ग्रह फलां तारीख को वक्री होगा और फलां तारीख तक मार्गी होगा। कई बार हम

ज्योतिषी लोग वेध यन्त्रों की सहायता से एवं नंगी आंखों से भी आकाश में देखते हैं और अनेक बार ग्रह उलटे घूमते हुए, पीछे की ओर जाते हुए दिखलाई देते हैं। तब हम कहते हैं कि आज तो फलां ग्रह वक्री हो गया। वास्तव में हम जब किसी ग्रह के वक्री होने की बात कहते हैं, तो यह उस ग्रह विशेष की प्रत्यक्ष स्थिति का तुलनात्मक विवेचन होता है जो दृष्टि की भ्रांत-धारणा से हमें दिखलाई पड़ता है। उदाहरणार्थ हम जीवन में कई बार रेल-यात्रा करते हैं और कई मित्रों को इस बात का अनुभव भी होगा कि जिस ट्रेन में हम बैठे हैं उसके समानान्तर पटरी पर, जब कोई दूसरी ट्रेन भी चलने लग जाय और जो ट्रेन हमारे समानान्तर चल रही है उसकी गति हमारी ट्रेन से कुछ कम हो, तो ऐसा लगता है कि सामने वाली ट्रेन पीछे की ओर जा रही है। जबकि वास्तव में ऐसा होता नहीं है। इसी प्रकार से जब पृथ्वी की गति अपनी धुरी पर अपने समानान्तर चलने वाले ग्रह से तेज होती है, तब पृथ्वी पर निवास करने वालों को पृथ्वी के समानान्तर चलने वाला ग्रह पीछे की ओर जाता हुआ दिखलाई पड़ता है और हम कहते हैं कि ग्रह वक्री हो गया। वक्री ग्रह वास्तव में एक दृष्टि भ्रम है किन्तु व्यावहारिक तौर पर ग्रह कभी वक्री नहीं होते। ग्रह कभी उलटे नहीं चलते।

ज्योतिष की भाषा में जब हम किसी ग्रह को 'वक्री' कहते हैं तो वास्तव में ऐसी स्थिति उस ग्रह की पृथ्वी की तुलना में मन्द गति होने की सूचना देती है और ऐसी स्थिति में उस ग्रह विशेष की शक्ति कुछ कम मानी जाती है।

वक्री ग्रह कुण्डली में जातक विशेष के चरित्र-निर्माण की क्रिया में सहायक होते हैं। जिस भाव और राशि में ग्रह वक्री होते हैं उस राशि व भाव-सम्बन्धी फलादेश में काफी कुछ परिवर्तन आ जाता है। सूर्य और चन्द्रमा-दो ऐसे ग्रह हैं जो कभी वक्री नहीं होते। क्योंकि इनकी गति समानान्तर रूप से हमेशा पृथ्वी की गति से तेज (शीघ्रगामी) रहती है। कभी-कभी ऐसा भी होता है कि पृथ्वी अपनी धुरी पर उस गति से चल रही है, जिस गति से उसके समानान्तर कोई अन्य ग्रह चल रहा है। तब पृथ्वी वासी को ऐसा प्रतीत होगा कि अमुक ग्रह चलते-चलते स्थिर हो गया है। परन्तु ऐसा होता नहीं। क्योंकि 'वक्री ग्रह' और 'स्थिर ग्रह' प्रत्यक्ष रूप से गति के अन्तर-प्रत्यन्तर के कारण आंखों से दिखलाई देने वाली भिन्न-भिन्न स्थितियां मात्र हैं। इस ग्रह स्थिति को भलीभांति समझ लेने के बाद ही हमें वक्री ग्रहों से वायुमण्डल एवं पृथ्वी वासी लोगों पर होने वाले प्रभाव का सूक्ष्मता से अध्ययन करना होगा।

चिन्तनिका-2

ग्रहों का वक्रत्व

जैसा कि विषय प्रवेश में स्पष्टत: आपको बताया जा चुका है कि कोई भी ग्रह अपनी निश्चित गति से अपने कक्ष (Orbit) में भ्रमण करता हुआ, पलट कर उलटा (वक्री) नहीं चलता। सूर्य के चारों ओर चक्कर लगाते हुए प्रत्येक ग्रह का अपना अलग-अलग परिभ्रमण-पथ एवं गति है। ये सभी ग्रह अपने-अपने परिभ्रमण-पथ में एक दम गोल न घूमकर अण्डाकार वृत में घूमते हैं। प्राकृतिक नियमों के अनुसार किसी भी दो ग्रहों का परिभ्रमण काल एक समान नहीं होता तथा न ही उनकी गति ही एक जैसी होती है। इसी प्रकार से प्रत्येक ग्रह का परिभ्रमण-कक्ष (Orbit) भी एक जैसा न होकर, एक दूसरे से छोटा-बड़ा होता है। प्रकृति की यह बड़ी विचित्रता है कि ये सभी ग्रह अपनी अलग-अलग कक्षाओं में, अपनी अलग-अलग गतियों में होते हुए भी, सूर्य की आकर्षण शक्ति के कारण एक ही दिशा में निर्बाध गति से घूमते रहते हैं। इन ग्रहों के साथ-साथ पृथ्वी भी बार-बार अपने परिभ्रमण पथ पर गतिशील है, अत: कई बार आकाश मण्डल पर दृष्टिपात करने से हमें ऐसा लगता है कि कोई ग्रह किसी से आगे चल रहा है तो कोई ग्रह पीछे चल रहा है। इसी तरह कोई ग्रह हमें समान गति के कारण कुछ समय के लिए स्थिर भी दिखलाई देता है। ज्योतिषयों ने ग्रहों की इन अलग-अलग स्थितियों को समझने के लिए कुछ तकनीकी शब्दों का प्रयोग किया है। जब कोई ग्रह अपनी तेज गति के कारण राशिमण्डल में किसी अन्य ग्रह को (Overtake) करके पीछे छोड़ देता है तो उस समय उसे 'अतिचारी' कहते हैं। जब कोई अपनी धीमी गति के कारण पीछे की ओर खिसकता हुआ दिखलाई पड़ता है तो उस ग्रह को 'वक्री कहते हैं। जब वह ग्रह विशेष वापस आगे की ओर बढ़ता हुआ प्रतीत होने लगता है और अपने वक्रत्व को छोड़ देता है तो उसे उस समय 'मार्गी' कहते हैं। इसी प्रकार जब कोई ग्रह समान गति के कारण कुछ समय के लिए स्थिर-सा दिखलाई पड़ता है तो उस काल विशेष में ज्योतिषी लोग उसे 'स्थिर', अस्त एवं निस्तेज ग्रह भी कहते हैं।

यह प्राकृतिक नियम है कि कोई भी ग्रह जब सूर्य या पृथ्वी से तुलनात्मक निकटतम स्थिति में आ जाता है तो उसकी गति तेज हो जाती है। सूर्य के चारों ओर परिक्रमा करते समय हमारे सौरमण्डल का कोई ग्रह जब पृथ्वी की दिशा में पूर्वाभिमुख होता हुआ सूर्य से ठीक 90^0 डिग्री के समकोण (वर्गात्मक) स्थिति में

आ जाता है तो उसकी गति क्रमश: तेज-तेज.... और तेज होती चली जाती है। इसी प्रकार से जब यह ग्रह पश्चिमाभिमुख होकर ज्यों-ज्यों पृथ्वी की दिशा व कक्षा से दूर होता चला जायेगा, त्यों-त्यों यह धीमा.... और धीमा चलता हुआ प्रतीत होगा। वैज्ञानिकों की यह मान्यता है कि वास्तव में ग्रहों की गति में कोई परिवर्तन नहीं आता। चूंकि पृथ्वी भी इन ग्रहों के साथ-साथ उनकी दिशा में ही अपने परिक्रमा-पथ में धनुषाकार लम्ब-वृत्त में घूमती रहती है इसलिए कभी ग्रह आगे की ओर चलते हुए तो कभी ग्रह पीछे की ओर चलते हुए, तो कभी ग्रह धीमे, तो कभी तेज चलते हुए से प्रतीत होते हैं।

हिन्दी या संस्कृतनिष्ट भारतीय पंचांगों में जब ग्रह वक्री होता है तो उस ग्रह के आगे क्रॉस + का निशान लगा दिया जाता है जबकि पाश्चात्य ऐफेमेरीज में उन ग्रहों के आगे '**R**' शब्द लगा दिया जाता है। ग्रह के पुन: मार्गी हो जाने पर हिन्दी भाषी पंचागों में 'मा' शब्द लिख दिया जाता है जबकि पाश्चात्य पंचांगों या ऐफेमेरीज में उस ग्रह के आगे '**D**' शब्द लिख दिया जाता है। जब ग्रह न तो वक्री होता है न मार्गी तो उसके आगे किसी प्रकार का कोई चिह्न नहीं होता। जिन पंचांगों या एफेमेरीज में दैनिक ग्रह स्पष्ट दिये हुए होते हैं, उनमें हम कई बार देखते हैं कि जब किसी ग्रह की अंशात्मक गति पूर्व दिन की तुलना में घटने लग जाती है तो वह ग्रह वक्री हो जाता है। जब यह अंशात्मक गति प्रतिदिन के हिसाब से वापस बढ़ने लग जाती है तो ग्रह मार्गी कहलाता है। यह गणितागत स्पष्टीकरण है।

उदाहरणार्थ निर्णयसागर पंचांग में संवत् 2042, फाल्गुन कृष्ण 12 दिनांक, 7 मार्च, 1986 को मीन राशि गत बुध के अंश कम होने लग गये। उसी दिन से बुध 'वक्री' कहलाने लग जायेगा। यह बुध उलटा चलते-चलते 26 मार्च, 86 को कुम्भ राशि में 26^0 अंशों तक उलटा चलता चला गया। फलत: पंचांग में आपको लगातार क्रॉस + के निशान मिलते चले जायेंगे। दिनांक 2 अप्रैल, 1986-संवत् 2042 चैत्र कृष्ण अष्टमी बुधवार को इस ग्रह की गति में परिवर्तन होना शुरू हो गया तथा यह पुन: अंशात्मक गति से वृद्धि को प्राप्त करता हुआ कुम्भ राशि के अन्तिम अंशों की ओर बढ़ता हुआ चलने लगा, तब यह बुध ग्रह मार्गी कहलाने लगेगा। यही गणितागत स्पष्टीकरण है। इसी प्रकार इसी वर्ष 1986 में पंचांग या एफेमेरीज को देखने से पता चलेगा कि 20 मार्च को शनि वृश्चिक राशि की 7/16/1/35 डिग्री से पीछे हटने लगा तो यह 'वक्री' कहलाने लगा। 26 मार्च, 1986 को यह 7/15/57/50 डिग्री पर आ गया और क्रमश: कम होते-होते यह 5 अगस्त, 1986 तक वृश्चिक राशि की 7/9/25/16 डिग्री तक पहुंच गया परन्तु 6 अगस्त, 1986 से इसकी गति पुन: बढ़ जाने से शनि 'मार्गी' होने के तत्त्व को जानना एवं समझना चाहिए।

अपने एक परिभ्रमण काल में, प्रत्येक ग्रह अपने परिक्रमा-पथ में एक बार वक्री, मार्गी व स्थिर होता हुआ अवश्य दिखलाई पड़ता है। जिनका परिभ्रमण काल, क्रम एवं अन्य जानकारियां इस प्रकार हैं–

1. **सूर्य**—सूर्य अपने सम्पूर्ण परिवार (नौं ग्रहों) के साथ किसी अन्य महासूर्य की परिक्रमा करता है। सूर्य अपनी कल्पित धुरी पर 25 दिन 8 घंटे में एक चक्कर (आत्म परिभ्रमण) कर लेता है। स्थूल माध्यम मान से सूर्य एक महीने में एक राशि, प्रतिदिन अंश, 14 दिन में एक नक्षत्र और 3 घटी 20 पल में एक नक्षत्र चरण पर यह एक सेकण्ड में 19 मील अपनी जगह से हट जाता है तथा सारे परिक्रमा 365 दिन और 6 घण्टे में पूरी कर लेता है। यह कभी भी वक्री दिखलाई पड़ सकता।

द्र—यह पृथ्वी का उपग्रह एवं सबसे तीव्र चलने वाला ग्रह है। इसकी ण्टे में 2180 मील है। यह एक अंश को 4 घटी 34 पल (1 घण्टा 48 पार कर लेता है। सम्पूर्ण पृथ्वी की परिक्रमा करने में इसे 27 दिन 7 घण्टे मिनट लगते हैं। चन्द्रमा प्रतिदिन पिछले दिन की अपेक्षा 53 मिनट देरी से ाता है। सूर्य की तरह चन्द्र भी कभी वक्री नहीं दिखलाई पड़ सकता।

3. **बुध**—बुध अपनी धुरी पर 24 घण्टा 5 मिनट में पूरी तरह घूम लेता है तथा 87 दिन 23 घण्टा 15 मिनट और 16 सेकण्ड में सूर्य की परिक्रमा कर लेता है। जिस समय यह सूर्य के निकट होता है तब प्रति सेकण्ड 35 मील, दूर रहने पर प्रति सैकेण्ड 23 मील और मध्यम गति 28 मील प्रति सेकण्ड है। यह एक घण्टे में एक लाख नौ हजार मील की गति से चलता है। स्थूल मान से बुध एक राशि पर 25 दिन व एक नक्षत्र पर 8½ दिन रहता है।

सूर्य से 27⁰ अंश की दूरी से आगे होने पर यह वक्री हो जाता है। जिस राशि पर यह वक्री होता है उस पर 25 दिन ही रह पाता है। सूर्य की गति से भी तीव्र गति वाला होने के कारण यह पूर्व में अस्त और पश्चिम में उदय होता है और जब वक्री होता है तब पश्चिम में अस्त व पूर्व में उदय होता है। वक्री होने की स्थिति में सूर्य से 12⁰ अंश की दूरी पर तथा मार्गी होने पर 13⁰ अंश पर अस्त हो जाता है। यह सूर्य से दूसरी राशि पर जाने से वक्री और बारहवीं पर शीघ्रगामी होता है। यह 92 दिन मार्गी और 23 दिन वक्री रहता है। मार्गी होने पर 37 दिन उदय और 36 दिन अस्त हो जाता है। वक्री होने पर 33 दिन उदय और 16 दिन अस्त रहता है। जब बुध की गति 113/32 घटी पल की होती है तब यह परमशीघ्रगामी या अतिचारी हो जाता है और इस स्थिति में 20 दिन रहता है। यह एक वर्ष में तीन बार वक्री होता है। बुध वक्री होने पर एक दिन आगे या पीछे स्थिर-सा प्रतिभासित भी होता है।

4. **मंगल**—मंगल अपना धुरी पर 24 घण्टा 37 मिनट और 22 सेकण्ड में एक चक्कर पूरा कर लेता है। यह 686 दिन 17 घण्टा 20 मिनट और 41 सेकण्ड में सूर्य की एक परिक्रमा पूरी कर लेता है। इसकी चाल 15 मील प्रति सेकण्ड और 54, 000 मील प्रति घण्टा है। स्थूल मत से मंगल की चाल 18 मास मानी गई है। फलत: 45 दिन में एक राशि तथा 1½ दिन में एक अंश को पार कर जाता है।

यह एक नक्षत्र पर 20 दिन और एक पाद पर 5 दिन रहता है।

जब यह वक्री होता है तो उस राशि को 127 दिन में और उससे अगली राशि को 15 दिन में पूरी करता है। जिस राशि पर मार्गी होता है उस [illegible] 45 दिन रहता है। जब यह सूर्य से 135° अंश की दूरी पर जाता है तो वक्री हो[illegible] उस समय इसकी चाल 65 दिन में 12° अंश तक की हो जाती है। यह सूर्य [illegible] अंश की दूरी पर अस्त हो जाता है। अस्त होने पर 120 दिन बाद फिर उदय [illegible] के 300 दिन बाद वक्री हो जाता है। तथा वक्री के 60 दिन बाद मार्गी [illegible] जब इसकी गति 46/11 होती है तो यह शीघ्रगामी (अतिचारी) हो जाता [illegible]

5. **शुक्र**—यह अपनी धुरी पर 23 घण्टा 21 मिनट में पूरा घूम लेता [illegible] सूर्य की परिक्रमा 224 दिन 42 घटी 2 पल में पूरी कर लेता है। इसकी गति सेकण्ड में 22 मील है। स्थूल मान से यह एक राशि पर एक मास, एक नक्षत्र 11 दिन रहता है।

यह एक वर्ष वक्री और एक वर्ष मार्गी रहता। वक्री अवस्था में यह पूर्व में उदय और पश्चिम में अस्त होता है। यह मार्गी अवस्था में सूर्य से 9° अंश पर और वक्री अवस्था में 8° अंशों पर अस्त रहता है। इसी प्रकार मार्गी अवस्था में 250 और वक्री अवस्था में 248 दिन उदय रहता है। इस ग्रह की मार्गी अवस्था 510 दिन और वक्री अवस्था 45 दिन तक रहती है। यह सूर्य से दूसरी राशि पर वक्री, बारहवीं पर शीघ्रगामी, तीसरी और ग्यारहवीं पर समचारी रहता है। जब इसकी गति 75.42 होती है तब यह परम शीघ्रगामी हो जाता है। अतिचारी अवस्था में यह 10 दिन तक ही रह पाता है। वक्री होने के दो दिन आगे या पीछे यह स्थिर भी प्रतिभासित होता है।

शुक्र कई बार सूर्योदय के कुछ समय पहले तेजी से चमकता हुआ पूर्व दिशा में दिखलाई पड़ता है। फलतः लोग इसे प्रभात या भोर का तारा भी कहते हैं। कई बार यह सूर्यास्त के समय पश्चिम दिशा में भी चमकता हुआ दिखलाई देता है, ऐसी वेला में इसे 'सन्ध्या' का तारा भी कहते हैं। किन्तु शुक्र ग्रह जब भी पूर्व दिशा में अस्त होता है तो 15 दिन बाद ही उदय हो पाता है। उदय के प्रायः 250 दिन बाद वक्री होता है। वक्री के 23 दिन बाद पश्चिम दिशा में अस्त हो जाता है। पश्चिम में अस्त होने के 9 दिन बाद पूर्व में पुनः उदित होता है। पूर्वोदय के 23 दिन बाद मार्गी तथा मार्गी के 250 दिन बाद पुनः पूर्व में अस्त हो जाता है और यह क्रम चलता ही रहता है।

6. **बृहस्पति**—बृहस्पति अपनी कीली पर 9 घण्टा 55 मिनट में एक चक्कर देता है। यह एक सेकण्ड में 8 मील चलता है तथा सूर्य की परिक्रमा 4332 दिन 35 घटी 5 पल में पूरी करता है। स्थूल तौर पर यह 12 या 13 महीनों में एक राशि, 160 दिन एक नक्षत्र, 43 दिन एक चरण पर रहता है।

बृहस्पति ग्रह अस्त होने के 30 दिन बाद उदय होता है। उदय के 128 दिन बाद वक्री होता है। वक्री के 120 दिन बाद मार्गी होता है तथा मार्गी के 128 दिन

बाद पुन: अस्त हो जाता है।

गणितागत स्पष्टीकरण से चार राशि या 120^0 अंश के पीछे रहने पर बृहस्पति वक्री हो जाता है। सूर्य से चार राशि 120^0 अंश से आगे रहने पर यह मार्गी होता है। वक्री अवस्था में 12^0 अंश तक पीछे हटता है तथा चार मास तक वक्री रहता है तथा पुन: 8 मास तक मार्गी रहता है। जब इसकी गति 14/4 की होती है, तब यह शीघ्रगामी (अतिचारी) हो जाता है। बृहस्पति 45 दिन तक अतिचारी रहता है। यह सूर्य से दूसरी राशि पर शीघ्रगामी, तीसरी पर समचारी, चौथी पर मन्दचारी, पांचवीं और छठी पर वक्री, सातवीं और आठवीं पर अतिवक्री, नवमी और दशमी पर कुटिल और ग्यारहवीं तथा बारहवीं राशि पर पुन: शीघ्रगामी हो जाता है। वक्री होने के पांच दिन आगे या पीछे यह स्थिर रहता है।

7. **शनि**–शनि ग्रह सूर्य की परिक्रमा 29 वर्ष 5 महीने 16 दिन, 23 घण्टा और 16 मिनट में करता है। यह अपनी धुरी पर 17 घण्टा, 14 मिनट, 24 सेकण्ड में एक चक्कर लगाता है। स्थूल मान से एक राशि पर 30 महीना, एक नक्षत्र पर 400 दिन और एक नक्षत्र पाद पर 100 दिन रहता है। यह प्रति वर्ष चार महीने वक्री और आठ महीने मार्गी रहता है। सूर्य से 15^0 अंश की दूरी पर शनि ग्रह अस्त हो जाता है। अस्त होने के 38 दिन बाद उदय होता है। उदय के 135 दिन बाद मार्गी होता है और मार्गी के 105 दिन बाद पश्चिम दिशा में पुन: अस्त हो जाता है। यह प्राय: 140 दिन तक भी वक्री रह जाता है तथा वक्री होने के 5 दिन आगे या पीछे तक यह स्थिर रहता है।

गणितागत स्पष्टीकरण से जब यह सूर्य से चौथी राशि को समाप्त करता है तो वक्री हो जाता है। जब वक्री से 120^0 अंश चलता है तो मार्गी हो जाता है। जब इसकी गति 7/45 की होती है तब यह अतिचारी हो जाता है। सूर्य से दूसरी और बारहवीं राशि पर शीघ्रगामी, तीसरी और ग्यारहवीं पर समचारी, चौथी पर मन्दचारी, पांचवीं और छठी पर वक्री, सातवीं और आठवीं पर अतिवक्री तथा नवमी और दसवीं पर कुटिल गति वाला हो जाता है।

8. **यूरेनस**–यूरेनस, प्रजापति ब्रह्मा या वरुण-सभी एक-दूसरे के पर्याय हैं। यूरेनस अपनी कीली पर 9 घण्टा 30 मिनट घूमता है। यह सूर्य की परिक्रमा 84 वर्ष 5 दिन 14 घण्टा एवं 41 मिनट में पूरी करता है तथा एक राशि पर सात वर्ष तक रहता है। वक्री होने पर इसका वक्रकाल 150 दिन रहता है तथा उस अवस्था में 9 दिन आगे या पीछे यह स्थिर दिखलाई पड़ता है।

9. **नेपच्यून**–सूर्य की परिक्रमा यह ग्रह 164 वर्ष 7 महीने एवं 6 दिन में पूरी कर लेता है। फलत: एक राशि पर यह 14 वर्ष रहता है। यह वक्री होने पर 159 दिन वक्र रहता है तथा इस अवस्था को प्राप्त करने के दस दिन आगे या पीछे यह स्थिर-सा दिखलाई पड़ता है।

10. **प्लूटो**–सौर मण्डल में अन्तिम कक्ष के ग्रह प्लूटो को सूर्य की परिक्रमा करने में 248 वर्ष 2 माह लगते हैं। फलत: एक राशि पर 27 वर्ष रहता है। यह वक्री होने पर 160 दिन तक वक्र रहता है तथा ऐसी स्थिति में सात दिन तक आगे या पीछे स्थिर-सा प्रतिभासित होता है। इसे भारतीय शास्त्रों में 'यम' कहा गया है।

11. **राहू–केतु**–ये दोनों प्रकाश-पिण्ड न होकर छाया-ग्रह हैं। पुराणों में इनकी स्पष्ट उपलब्धि का उल्लेख मिलता है। ज्योतिष ग्रन्थों के अनुसार चन्द्र-ग्रहण में भूच्छाया और सूर्य ग्रहण में चन्द्रमा को ढकने वाले पदार्थ को राहु-केतु मानते हैं। कुछ विद्वान् लोग पृथ्वी के उत्तरी ध्रुव को राहु और दक्षिणी ध्रुव को केतु कहते हैं।

ये दोनों ग्रह एक दूसरे से 6 राशि (180^0 अंश) की दूरी पर रहते हैं तथा इनकी चाल सदैव 3/10/48 रहती है और ये वक्री (उलटी) गति से ही चलते हैं। आधुनिक गणना से 6798 दिन 16 घण्टा 44 मिनट और 24 सेकण्ड में ये ग्रह द्वादश राशि को भोगते हैं। स्थूल मान से 18 वर्ष द्वादशराशि और 18 मास एक राशि, 240 दिन एक नक्षत्र और 60 दिन तक एक नक्षत्र-पाद पर रहते हैं।

अब तक हम भली भाँति समझ चुके हैं कि ग्रहों का वक्री होना, विपरीत दिशा में भ्रमण न होकर, एक विशेष प्रकार की खगोलीय स्थिति है। इसके साथ प्रत्येक ग्रहों के अलग-अलग स्थितियों में उदय-अस्त होने के साथ-साथ वक्री मार्गी होने की प्रक्रिया भी आपको ध्यान में आ गई होगी। प्रत्येक ग्रह अपने एक परिभ्रमण काल में कितने समय तक वक्री रहता है। कम्प्यूटर की सहायता से हमने परिश्रम किया जिसके परिणाम स्वरूप इस प्रकार से प्रतिशत प्राप्त हुए–

1. बुध 19.76 प्रतिशत
2. शुक्र 7.22 प्रतिशत
3. मंगल 9.33 प्रतिशत
4. बृहस्पति 30.34 प्रतिशत
5. शनि 36. 39 प्रतिशत
6. यूरेनस 41.06 प्रतिशत
7. नेप्च्यून 43.12 प्रतिशत
8. प्लूटो 44.12 प्रतिशत

***

चिन्तनिका-3

भारतीय ज्योतिष में वक्री-ग्रह का स्वरूप

भारतीय ज्योतिष-शास्त्र में वक्री-ग्रहों के बारे में बहुत कम लिखा गया। वक्री-ग्रहों के बारे में सूर्यसिद्धान्त सारावली, जातकतत्त्व, फलदीपिका, होरासार, उत्तरकालामृत, भावार्थरत्नाकर प्रभृति अनेक ग्रन्थों में प्रकाश डाला गया है। परन्तु सभी ग्रन्थों में वक्री ग्रहों की उपादेयता पर आंशिक रूप से ही प्रकाश डाला गया है। इसके साथ ही इसके फलादेश (प्रभाव) को लेकर भिन्न-भिन्न प्रकार के उद्धरण एवं मान्यतायें सामने आई हैं, जो कि इस प्रकार हैं–

❀ भास्कराचार्य ने ग्रहों की आठ प्रकार की गतियां मानी हैं। उन्होंने 'सूर्यसिद्धान्त' के द्वितीय अध्याय में स्पष्ट किया है-

वक्रानुवक्रा कुटिला मन्दा मन्दतरा समा।
तथा शीघ्रतरा शीघ्रा ग्रहाणामष्टधा गति॥
तत्रातिशीघ्र शीघ्रारंया मन्दा मन्दतरा समा।
ऋज्वीति पञ्चधाज्ञेया या वक्रा सानुवक्रगा।१॥[1]

अनुवाद-

1. वक्र (**Retrograde**)
2. अनुवक्र (**Some Retrograde)**
3. कुटिल (**Transverse**)
4. मन्द (**Slow**)
5. मन्दरतरा (**Very Slow**)
6. सम (**Even**)
7. शीघ्र (**Swift**)
8. शीघ्रतर (**Very Swift**)

इनमें 1 से लेकर 3 तक वक्र, अनुवक्र और कुटिल गतियां वक्र गति ही

---

1. सूर्यसिद्धान्त, अ. 2, श्लोक 12-13, प्रकाशक-सूर्यसिद्धान्त का विज्ञान भाष्य, डॉ. रत्नकुमारी स्वास्थ्य संस्थान, इलाहाबाद।

कहलाती हैं क्योंकि इन स्थितियों में ग्रह राशिचक्र में पूर्व से पश्चिम की ओर, उलटा जाता हुआ दिखलाई पड़ता है। अन्य 4 से 8 स्थितियों में ग्रह सीधा चलता है अर्थात् पश्चिम से पूर्व की ओर जाता हुआ दिखलाई पड़ता है।

- फलित ज्योतिष के अनुपम ग्रन्थ 'फलदीपिका' में श्रीमन्त्रेश्वर ने वक्री ग्रहों पर अनुसंधान किया और ग्रहों के षड्बल का निर्धारण करते समय उन्होंने वक्री ग्रह पर ज्यादा ध्यान दिया।

  उन्होंने 'चेष्टाबल' नामक ग्रह के एक विशेष बल, ताकत, प्रभाव एवं आकर्षण पर जोर दिया। वे लिखते हैं कि चन्द्रमा को पूर्णिमा के दिन पूर्ण चेष्टाबल प्राप्त होता है। सूर्य को उत्तरायण में चेष्टाबल मिलता है। अन्य सभी ग्रह जब वक्री होते हैं तो उन्हें चेष्टाबल प्राप्त होता है।[1]

वक्रं गतो रुचिररश्मिसमूह पूर्णो,
नीचारि-भांश-सहितोऽपि भवेत्स खेटः।
वीर्यान्वितस्तु हिनरश्मिरिवोच्च्र-मित्र,
स्वक्षेत्रगोऽपि विबलो हृत-दीधितिश्चेत्।। [2]

अनुवाद-

चाहे ग्रह अपनी नीच राशि या नीच (अंश) नवांश में हो, यदि वह सुन्दर किरण समूहों से परिपूर्ण है (अर्थात् अस्त नहीं है) वक्री है, तो वह महान् बली समझा जाना चाहिये। इसके विपरीत यदि कोई ग्रह उच्च, मित्र-क्षेत्री, स्वगृही एवं वर्गोत्तमी होकर भी अस्त[3] (अप्रकाशित किरणों वाला) है तो उसे चन्द्रमा की तरह निर्बल समझना चाहिए। कहने का तात्पर्य यह है कि चन्द्रमा चाहे वृष या कर्क का ही क्यों न हो, यदि वह अमावस्या का चन्द्र है तो निर्बल ही कहा जायेगा परन्तु वृश्चिक राशिगत नीच का चन्द्रमा, यदि पूर्णिमा तिथि को पड़ता है, तो भी वह बली है। यही सिद्धान्त वक्री के संदर्भ में अन्य ग्रहों पर लागू करना चाहिये।

तुंगस्था बलिनोऽखिलाश्च शशिनः
श्लाघ्यं हि पक्षोद्भवं।
भानोर्दिग्बलमाह वक्रगमने ताराग्रहाणां बलम्।[4]

---

1. फलदीपिका, अ. 4, श्लोक 2, प्रभावार्थ बोधिनी टीका, मोतीलाल बनारसीदास, संस्करण, 1979, पृ. 85।
2. फलदीपिका (भावार्थ बोधिनी), अ. 4, श्लोक, 4, पृ. 86।
3. जो ग्रह सूर्य के इतने समीप चला जाता है कि 25 घण्टे में कभी भी दिखाई न दे तो वह अस्त कहलाता है। अस्त गह का प्रभाव प्रायः अच्छा नहीं होता। इसी अस्त ग्रह को कोई मूढ़, कोई विकल, तो कई विद्वान् निस्तेज एवं अप्रकाशित भी कहते हैं।
4. फल दीपिका (भावार्थ बोधिनी) अ. 4, श्लोक-5, पृ. 86।

श्री मन्त्रेश्वर कहते हैं कि सभी ग्रह उच्च होने पर बली होते हैं। चन्द्रमा के पक्ष-बल को विशेष महत्त्व देना चाहिये। सूर्य के दिग्बल की विशेषता मुख्य है और अन्य ग्रहों के वक्रबल की विशेषता प्रमुख है।

वक्रं गतः स्वोच्चफलं विदध्या
त्सपत्ननीचर्क्षगतोऽपि खेटः।
वर्गोत्तमांशस्थितखेचरोऽपि
स्व क्षेत्रगस्योक्त फलानि तद्वत्॥ [1]

चाहे ग्रह शत्रु राशि में हो, चाहे ग्रह नीच राशि में हो, चाहे ग्रह शत्रु राशि, नीच राशि दोनों में हो, यदि वक्री है तो उच्च ग्रह (उच्च राशि स्थित ग्रह) के समान ही उत्तम फल देगा।

इसी प्रकार से यदि ग्रह वर्गोत्तम में हो अर्थात् जिस राशि में हो उसी नवांश में भी हो तो वह स्वगृही ग्रह के समान जोरदार शुभ फल देता है।

वक्रगस्य निजतुंगसुहृत् सुस्थानगस्य दशाफलमेवम्।
लघुनीचगृहमौढ्यषडन्त्यछिद्रगस्य तु फलान्यपि वक्ष्ये॥ [2]

जातक के ग्रहों की दशा-अन्तर्दशा सम्बन्धी फलादेश की व्याख्या करते हुए फलदीपिकाकार कहते हैं कि जिस ग्रह की दशा-अन्तर्दशा जातक की चल रही है, वह ग्रह जिन भावों का स्वामी है, उन भावों से सम्बन्धित शुभ फल तभी मिलेंगे जबकि भावों का स्वामी होकर दशपति स्वगृही उच्च राशिगत किंवा वक्री हो। यदि दशापति नीचराशिगत, शत्रुराशि गत, अस्त या 6, 8, 12 इन दुःस्थानों में से किसी एक में पड़ा हो तो ऐसे ग्रह की दशा में जातक को अनिष्ट फल मिलता है।

पाकप्रभुर्गोचरतः स्वनीचं
मौढ्यं यदायाति विपक्षभं वा।
कष्टं विदध्यात्स्वगृहं स्वतुंग
वक्रं गतः सौख्य फलं तदानीम्॥ [3]

इसी प्रसंग में फलदीपिकाकार कहते हैं कि जिस ग्रह की महादशा हो वह जब गोचरवश अस्त होता है या अनिष्ट राशि को प्राप्त होता है तो कष्टकारक होता है। दूसरे अर्थों में जिस ग्रह की दशा या अन्तर्दशा हो वह जब गोचरवश अपनी स्वराशि या अपनी उच्चराशि को प्राप्त होता किंवा वक्री हो जाता है तो वह उस

---

1. फलदीपिका (भावार्थ बोधिनी), अ. 9, श्लोक 20, पृ. 213।
2. फलदीपिका अ. 20, श्लोक 14, पृ. 391।
3. फलदीपिका, अ. 20, श्लोक 37, पृ. 401।

समय जातक (दशा भोगने वाले प्राणी) को श्रेष्ठ (उत्तम) फल देता है।

इस प्रकार से दक्षिण भारत के महान् विद्वान् मन्त्रेश्वर ने वक्री गह के प्रभाव को सवर्था शुभ फलदाई बताया है तथा नवांश में वर्गोत्तम एवं उच्च राशिगत के समतुल्य वक्री ग्रह के बल को माना है। इसकी पुष्टि सत्याचार्य ने भी की है।

✯ इनके पूर्ववर्ती आचार्य सत्याचार्य जिन्होंने 'सत्यजातकम्' नामक फलितग्रन्थ की रचना की थी, उन्होंने 'अंशदशा' पर बल दिया। अंशदशा के गणितागणित स्पष्टीकरण के अन्तर्गत इन्होंने बतलाया कि यदि ग्रह उच्चराशि में हो या वक्री हो तो उसका फल एक समान मानना चाहिये। फलदीपिकाकार ने इस तथ्य का उल्लेख भी अपने ग्रन्थ में स्पष्टतः दिया है।"[1]

वक्रिणस्तु महावीर्याः।[2]

✯ 'केशवीजातक' के ग्रन्थकार की मान्यता इसके विपरीत है–

ताराग्रहाः स्वोच्च-गृहादि-संस्थिता
वक्रास्तगा मिश्र-फलं प्रदद्युः॥

भौमादि ताराग्रह जो स्वराशि, उच्चादि राशि में हों तथा यदि वे वक्र या अस्तगत भी हों तो मिश्रित फल देते हैं अर्थात् उनके शुभफल में न्यूनता आ जाती है। इस प्रकार के तारतम्य से विचार करके ही बुद्धिमान ज्योतिषी को ग्रहों के फलाफल पर विचार करना चाहिए।

✯ ज्योतिष शास्त्र प्रवर्तक अष्टादश आचार्यों में से प्रमुख महर्षि पाराशर ने ग्रहों की गति और गतिबल संस्कार पर विस्तृत चर्चा की है। उन्होंने ग्रहों की गति के आठ भेद माने हैं–

1. वक्रा 2. अनुवक्रा 3. विकला 4. मन्दा
5. मन्दतरा 6. समा. 7. चरा 8. अतिचरा

उनके अनुसार–

षष्टिर्वक्रगते वीर्यमनुवक्रगतेर्दलम्।
पादो विकलभुक्तेः स्यात् तथा मध्यगतेर्दलम्॥[3]

अर्थात् जब किसी राशि में वक्र होकर ग्रह उसी राशि के भीतर हो तो वक्रा (वक्र गति का ग्रह 60), यदि उस राशि को छोड़कर पिछली राशि में चला जाय तो अनुवक्रा (अनुवक्रा का 30), गति शून्य (ग्रह स्थिर) हो जाय तो विकल (विकल गति का 15), मध्यम गति से अल्प गति हो तो मन्दा (मन्दा मध्यम गति

---

1. फलदीपिका, अ. 22, श्लोक 18, पृ. 528
2. सत्यजातकम्, अ. 4, श्लोक 4, पृ 90
3. बृहत्पाराशरहोराशास्त्रे अ. 28, श्लोक 29-30, पृ. मेसर्स खेलाडीलाल संकठाप्रसाद, वाराणसी, पृ. 144

ग्रह का 30), यदि मध्य गति से अल्प होकर परञ्च आगे गति न्यूनतम होती चली जाये तो मन्दतरा (मन्दतरा गति का 7/30), मध्यमगति के तुल्य हो तो समा (समा का 30), मध्यम ग्रह से ग्रह आगे हो तो चरा (चर गति ग्रह का 45), तथा मध्य ग्रह से पहिले ही अग्रिम राशि में प्रवेश करे तो अतिचरा गति कहलाती है (अतिचरा ग्रह का 30) विश्वा बल होता है। इस प्रकार महर्षि पराशर ने ग्रहों की गति के अनुसार गतिबल संस्कार कर, स्पष्टबलाध्याय: नामक नवीन अध्याय का निर्माण किया।

☆ ज्योतिष शास्त्र प्रवर्तक महान् आचार्य वराहम्िहिर ने बृहज्जातक में ग्रहभेदाध्याय के अन्तर्गत वक्री ग्रह का संकेत करते हुए उसके प्रभाव को स्वीकार किया है।

यथा–**उदगयने रविशीतमयूखौ**
वक्रसमागमगा: परिशेषा:।
विपुलकरा युधि चोत्तरसंस्था
श्चेष्टित वीर्य्ययुता: परिकल्प्या:॥[1]

अनुवाद–

ग्रहों के चेष्टाबल को स्पष्ट करते हुए आचार्य प्रवर लिखते हैं कि मकरादि छह राशियों (उत्तरायण) में, सूर्य, चन्द्रमा बली होते हैं। वक्रग अर्थात् उलटे चलने वाले एवं समागम[2] करने वाले ग्रह विशेष रूप से बलवान होते हैं। अर्थात् चन्द्रमा से युक्त मंगल, बुध, बृहस्पति, शुक्र और शनिश्चर–ये ग्रह बली होते हैं। इसके साथ ही विपुल[3] किरणों वाला ग्रह और युद्ध में जो ग्रह उत्तर दिशा की ओर स्थित हो वह ग्रह बली होता है। इस रीति से आचार्यों को ग्रहों के चेष्टाबल की कल्पना करनी चाहिये।

☆ वराहमिहिर ने अपने जातक ग्रन्थों में वक्री ग्रहों पर विशेष जोर नहीं दिया परन्तु उनके पुत्र पृथुयश ने 'होरासार' नामक रचना में वक्री ग्रहों के फलादेश पर विशेष टिप्पणी की है।

राशिमुखे मध्यबल: सम्पूर्णबलश्च मध्यमं यात:।
राश्यान्ते बलहीनो वक्रो बलवान् न नीचराशौ स्यात्॥[4]

---

1. बृहज्जातक–अ. 2, श्लोक 20, पृ. तेजकुमार बुक डिपो, लखनऊ, 1972, पृ. 37।
2. सूर्य के संयोग को अस्त और चन्द्रमा के संयोग को समागम, तथा मंगल के संयोग को युद्ध कहते हैं।
3. जिस ग्रह का शीघ्र केन्द्र दूसरे और तीसरे पद में स्थित हो वह ग्रह विपुल किरणों वाला ग्रह कहा जाता है।
4. होरासार-अ. 3/13, पृ. रंजन पब्लिकेशन, दिल्ली 1982, पृष्ठ-32।

अनुवाद-

बृहस्पति के बलाबल का निर्णय करते हुए पृथुयश कहते हैं कि धनु, मीन, कर्क एवं वृश्चिक राशि में, मध्य दिन में अपनी उच्च राशि अंशों में, और उदय काल में, बलवान रहते हैं। इन राशियों के प्रारम्भिक अंशों (मुख) में होने से मध्यबली, मध्य अंशों में पूर्ण बली, राशि के अन्तिम अंशों में हीन बली होता है परन्तु यदि बृहस्पति वक्री हो तो मकर राशि को छोड़कर सभी राशियों में पूर्ण बलवान (शक्तिशाली) होता है। अर्थात् लेखक के कहने का तात्पर्य यह है कि ग्रह वक्री होने पर उच्चराशि की समकक्ष अवस्था में पहुँचकर सुन्दर व शुभ फलों को दने वाला बन जाता है।

वक्रो यदावरोही स्यादारोही चानुवक्रगः।
वक्रः स्वोच्चफलं दद्याद्दशा तस्य तु मध्यमाः।।
वक्रानुवक्रानुद्वीक्ष्य दशाफलमुदीरयेत्।
ताराग्रहाणां सर्वेषामेवं ज्ञात्वा विचक्षणः।।[1]

अर्थात् किसी भी ग्रह की महादशा, अन्तर्दशा का फलादेश करते समय यह ध्यान रखना चाहिये कि प्रस्तुत ग्रह आरोही, अवरोही, वक्र एवं अनुवक्र तो नहीं है। यदि ग्रह वक्री है तो वह उच्च ग्रह का फल देगा तथा उसकी दशा में जातक को धन, यश, मान-सम्मान एवं प्रतिष्ठा की प्राप्ति होगी।

- वराहमिहिर के पश्चात् जातकग्रन्थों में सर्वाधिक प्रसिद्ध व प्रचलित 'सारावली' नामक ग्रन्थ में श्री कल्याण वर्मा लिखते हैं-

वक्रिणस्तु महावीर्याः, शुभा राज्यप्रदा ग्रहाः।
पापा व्यसनिनां पुंसां, कुर्वन्ति च वृथाटनम्।।[2]

अनुवाद-

शुभ ग्रह वक्री होकर अति बलवान हो जाते हैं तथा जातक को राज्य सुख देते हैं। इसके विपरीत पापग्रह वक्री होने पर जातक को व्यसनी (दुःखदाई) और वृथा (व्यर्थ) घूमने वाला (आवारा) बना देते हैं।

सारावली के रचनाकार की व्याख्या पूर्ववर्ती आचार्यों से विशेषता लिये हुए है क्योंकि इन्होंने वक्री ग्रहों के अनुबल एवं प्रतिकूल दोनों प्रभावों पर ध्यान दिया है, साथ ही वक्री-ग्रह के निश्चित प्रभाव की ओर दिशा निर्देशन भी दिया है।

- महाराजा वीर विक्रमादित्य के राज्य काल में हुए प्रसिद्ध कालिदास नामक ज्योतिषी ने अपने ग्रन्थ 'उत्तरकालामृत' में वक्री ग्रहों का विशद वर्णन किया

---

1. होरासार, अ. 3/13, प्र.-रंजन पब्लिकेशन, दिल्ली 1982, पृ-134
2. सारावली-अ. 5, श्लोक 39, प्र. मोतीलाल बनारसीदास, वाराणसी 1977, पृ. 38

है। तथा इनकी मान्यताएं सबसे अलग हटकर अपनी मौलिकता एवं विचित्रता लिये हुए हैं।

वक्री स्वोच्चबलः सवक्रसहिते मध्यं बलं तुंगभे।
वक्री नीचबलः स्वनीचभवने वक्रीबलं तुंगजम्॥
उच्चस्थेन युतोऽर्द्ध वीर्यमिति चेन्नीचे तु शून्यं बलं।
मित्रैः पापखगैः शुभै रिपुखगैर्युक्तोऽपि चार्द्धं बलम्॥[1]

अनुवाद–

वक्री ग्रह का बल उसके उच्च होने के समान समझना चाहिए। कोई ग्रह जब किसी वक्री ग्रह के साथ हो तो उसे 50 प्रतिशत और अधिक बल मिल जाता है। यदि कोई ग्रह उच्च परन्तु वक्री हो तो उसको नीच (बलशून्य) समझना चाहिए। ग्रह यदि नीच परन्तु वक्री हो तो, अपनी उच्च राशि में होने जैसा बली होता है। उच्च ग्रह के साथ पड़ा हुआ ग्रह 50 प्रतिशत और बल प्राप्त कर लेता है। नीच ग्रह के साथ पड़ा हुआ ग्रह शून्य बल पाता है। कोई ग्रह, जब वह किसी नैसर्गिक पापी परन्तु मित्र अथवा नैसर्गिक मित्र परन्तु पापी ग्रह के साथ पड़ा हो तो 50 प्रतिशत (रूपा) बल पाता है।

- 'जातकतत्त्व' नामक प्रसिद्ध फलित जातक ग्रन्थ में दो भिन्न-भिन्न टिप्पणियां प्राप्त होती हैं। उनके अनुसार यदि शुभ ग्रह वक्री हो तो मनुष्य को राज्य, धन, वैभव की प्राप्ति होती है किन्तु यदि पाप ग्रह वक्री हो तो धन, यश प्रतिष्ठा की हानि होकर प्रतिकूल फल की प्राप्ति होती है।[2] वक्री ग्रहों की दशा में जातक की प्रतिष्ठा, हानि, सम्मान में कमी एवं प्रसन्नता में कमी अवश्य आती है।[3]
- इसी प्रकार से 'संकेतनिधि' नामक विख्यात जातक ग्रन्थ में ग्रहों के विशेष प्रभाव पर प्रकाश डाला गया है। ग्रंथकार लिखते हैं कि जब जन्मकुण्डली में मंगल वक्री होता है तो अपने स्थान से तीसरे भाव (घर) का फल देता है। बृहस्पति वक्री हो तो पांचवें भाव (संतान सम्बन्धी) फल को प्रभावित करता है। बुध चौथे स्थान सम्बन्धी फल देगा, शुक्र सातवें स्थान का, शनि (भाग्य) स्थान एवं चन्द्रमा जब राशि परिवर्तन की स्थिति में हो तो दूसरे भाव का फल देगा। सभी ग्रह संक्राति काल में उपर्युक्त फलों की सृष्टि करेंगे।[4]

---

1. उत्तरकालामृत-अ. 2, श्लोक 6, प्र.-गोयल एंड कम्पनी, दिल्ली 1971, पृ.-28
2. जातकतत्व, श्लोक 98, पृ. 337
3. जातकतत्व, श्लोक 15, पृ. 352
4. सकेतनिधि, अ. 6, श्लोक 102

❁ भावार्थ रत्नाकर नामक फलित ग्रन्थ के लेखक की मान्यता है कि- पापग्रह यदि वक्री हो जाए तो शुभ फल की निष्पति करेंगे।[1]

❁ दैवज्ञ वैद्यनाथ विरचित 'जातक पारिजातः' में ग्रहों के आयु-निर्णय करते समय वक्री गह पर भी चिन्तन किया गया है।

यथा-

हित्वा वक्रं रिपुगृहेगतैर्हीयते स्वत्रिभागः।[2]

अर्थात् उच्च राशि में ग्रहों की जो पूर्ण आयु कही गई है। उससे आधी नीच राशि में प्राप्त होने पर नाश होती है। उच्च व नीच के बीच ग्रह हो तो अनुपात से फल कहना चाहिये परन्तु ग्रह यदि वक्री हो या शत्रु राशि में हो तो एक तिहाई आयु का नाश करते हैं। इस प्रकार का फलविचार ग्रह 'आयुर्दायाध्याय' के अन्तर्गत किया गया है।

❁ वक्री ग्रहों के माध्यम से 'सांसारिक ज्योतिष' (Mundane Astrology) की घटनाओं का पता भी लगाया जाता है। राष्ट्रीय एवं अन्तर्राष्ट्रीय स्तर की घटनाओं का वक्री ग्रह से बड़ा सम्बन्ध है। फलित ज्योतिष के एक अनमोल ग्रंथ 'बृहद्दैवज्ञरञ्जनम्' में राज्य सत्ता एवं राजनीति पक्ष पर पड़ने वाले प्रभाव की चर्चा इस प्रकार से की गई है।

यदा प्रतीपगौ खेटौ नृपं क्षोभतयस्तदा,
प्रतीपगास्त्रयः खेटा युद्ध वृष्टिभयप्रदाः।
राजान्यत्वं हि कुर्वन्ति चत्वारो यदि वक्रिणः,
प्रतीपगाः पञ्च खेटा भगंदा राज्यराष्ट्रयोः।।[3]

जिस समय दो गह वक्री होते हैं तो राजाओं में क्षोभ की वृद्धि और तीन ग्रह वक्री होने पर अधिक लड़ाई, अति वृष्टि, बाढ़-तूफान का भय होता है। जिस समय चार ग्रह वक्री होते हैं तो राज्यभंग और पांच ग्रह वक्री होने पर राज्य व राष्ट्र का विनाश होता है।

❁ इसी प्रकार अतिप्राचीन ग्रन्थ 'नारद संहिता' में सांसारिक ज्योतिष (Mundane Astrology) पर काफी कुछ प्रकाश डाला गया है। 'भौमाचार'[4] का वर्णन

---

1. भावार्थ रत्नाकर, अ. 13, श्लोक 16
2. जातक पारिजात, अ. 5, श्लोक 7, प्र.चौखम्बा संस्कृत संस्थान, वाराणसी 1971, पृ. 126।
3. वृहद्दैवज्ञरखतम-अ. 7, श्लोक 69-70, प्र. मोतीलाल बनारसीदास, वाराणसी, 1984, पृ. 95
4. नारदसंहिता-अ. 2, श्लोक 1-8, प्र.-चौखम्भा संस्कृत संस्था, वाराणसी, 1983, पृ. 16

करते हुए नक्षत्र भेद के साथ अलग-अलग नामों एवं प्रभावों का जिक्र किया गया है।

❁ अपने उदय नक्षत्र से सातवें, आठवें तथा नवें नक्षत्र में यदि **मंगल** वक्री हो तो उसे उष्णसंज्ञक वक्र कहते हैं। इसमें अग्नि भय होता है तथा प्रजा पीड़ित होती है। यदि दशम, एकादश या द्वादश नक्षत्र में मंगल वक्री हो तो इसमें अल्पसुख एवं अवर्षण (दुष्काल) पड़ता है। यदि उदय नक्षत्र से तेरहवें, या चौदहवें नक्षत्र में मंगल वक्री हो तो इसे 'व्याल नामक वक्र' कहते हैं। इसमें धान्य की वृद्धि होती है तथा सर्पभय होता है।

यदि 15वें या 16वें नक्षत्र पर मंगल ग्रह वक्री हो तो इसे 'रुधिरानन वक्र' कहते हैं। इससे सुभिक्ष होता है तथा भय एवं रोग होता है। 17वें व 18वें नक्षत्र में मंगल वक्री हो तो इसे 'असिमुसल' नामक वक्र कहते हैं। इसमें चोरों से तथा डाकुओं से धन की हानि होती है। यदि मंगल पूर्वाफाल्गुनी या उत्तराफाल्गुनी नक्षत्र में वक्री हो और पुनः रोहिणी में अस्त हो जाय तो तीनों लोकों का नाश करने वाला होता है। यदि मंगल श्रवण नक्षत्र में उदित हो और पुष्य नक्षत्र में वक्री हो तो राजाओं के लिये, राष्ट्राध्यक्षों के लिये हानिप्रद होता है। जिस दिशा में यह उदय होता है उस देश के राजा के लिए भय उत्पन्न करता है। यदि मंगल मघा नक्षत्र के मध्य में उदय होकर मघा नक्षत्र में ही वक्री हो जाय तो अवृष्टि (अकाल) हो, शस्त्रभय हो तथा पाण्डुदेश के राजा का मरण होता है।

इस प्रकार से 'नारद संहिता' में सभी ग्रहों के भिन्न-भिन्न नक्षत्रों के संयोग को लेकर भिन्न-भिन्न फलादेश सांसारिक ज्योतिष को ध्यान में रखकर किये गए हैं।

❁ 'ज्योतिषतत्त्वप्रकाश' में भी वक्री ग्रहों का विस्तृत वर्णन किया गया है।

क्रूरा वक्रा महाक्रूराः सौम्या वक्रा महाशुभाः।।[1]

इसके अनुसार क्रूर ग्रह वक्री होने पर अति क्रूर फल देते हैं तथा सौम्य ग्रह वक्री होने पर अतिशुभ फल देते हैं।

रवि चन्द्रा बुध गमने विपुल
स्निग्धाश्च वक्रगाश्चान्ये।
बलिनो युधि चोत्तरगा
व्यर्केन्दुयुताश्च चेष्टाभिः।।[2]

---

1. ज्योतिषततत्त्वप्रकाश, अ. 2, श्लोक 90, प्र.-मोतीलाल बनारसीदास, लखनऊ, 1931, पृ. 70।
2. आरम्भ सिद्धि-मुनि श्री लब्धि विजयजी प्र.-पं. छबीलदास केसरीचन्द संधवी, खम्भात (गुजरात), सन् 1970, पृ. सं. 301।

जैन ज्योतिष के अनुसार सूर्य और चन्द्र—ये दो ग्रह उत्तरायण में बलवान होते हैं। शेष 5 ग्रह विपुल, स्निग्ध और वक्र गति वाले हों तब बली होते हैं। विपुल ग्रह अर्थात् बहुत दिनों से उदय हुआ विशाल और स्थूल बिंब वाला हो, परन्तु बालक, वृद्ध या अस्त न हो। यहां पर उदय होते ही ग्रह बालक होता है, अस्त होने के पहले (वृद्ध) होता है। सप्तर्षियों का मत है कि बालक अवस्था में तथा वृद्धावस्था में सभी ग्रह सात दिन तक निर्बल होते हैं। ये पांचों ग्रह स्पष्ट किरण वाले हों, सूर्य से अत्यन्त दूर हों तब स्निग्ध कहलाते हैं। स्निग्धावस्था पार करने के बाद ग्रह वक्रगति को प्राप्त होता है। 'हर्ष प्रकाश' ग्रन्थ कहता है कि 'वक्की पावो बली शुभो स्निग्धो' वक्री बना हुआ बलवान ग्रह दुष्ट होता है और स्निग्ध बली ग्रह शुभ है। वक्र गति में सभी ग्रहों का बल मूल त्रिकोणी होता है—यह जैन ग्रन्थ 'पाकश्री' में लिखा है।

सूर्य भुक्ता उदीयन्ते शीघ्रा अर्के द्वितीयगे।
समं तृतीयगे यान्ति मन्दा भानौ चतुर्थगे।
वक्राः पञ्चम षष्ठेऽर्के तेऽति वक्रा नगाष्टगे।

नवमे दशमे मार्गाः सरला लाभ रिष्फगे।

—प्रश्नशतक

सूर्य के भुक्त अर्थात् सूर्य से अलग होने पर सभी ग्रह उदित होते हैं। सूर्य दूसरे स्थान में हो तो शनि, मंगल, गुरु ग्रह शीघ्र गति वाले होते हैं। तीसरे स्थान में सूर्य हो तो सम गति, सूर्य चौथे हो तो मन्द गति। सूर्य 5 वें और छठे हो तो वक्र गति, सूर्य 7 वें और 8 वें हो तो अति वक्र गति वाले होते हैं। सूर्य पहले और 10 वें हो तो मार्गी होते हैं तथा सूर्य 11वें और 12वें हो तो सरल गति वाले होते हैं। बुध और शुक्र सूर्य के समीप में रहकर ही वक्र होते हैं। 'वराह संहिता' के अनुसार सारे ग्रह उत्तर में रहे हों तो बलवान होते हैं और शुक्र दक्षिण में।

सर्वे बलिन उदकस्था दक्षिणा दिक्स्थो बली शुक्रः।

—वराह संहिता

वक्री ग्रह फल कब तक किस राशि का देंगे।

पक्षं, दशाहं मासं च दशाहं मास पञ्चकम।
वक्रेऽतिचारे भौमाद्याः पूर्व राशि फलप्रदाः।।

—आरम्भ सिद्धि

मंगल वक्र या अतिचारी हो तो 15 दिन तक, बुध दस दिन तक, गुरु 1 मास, शुक्र दस दिन और शनि 5 मास तक आगे की राशि का फल देते हैं। उसके बाद अपनी राशि का फल देंगे।

वक्रेऽतिचारे भौमाद्याः पूर्व राशि फलप्रदाः।
जीवः शनिश्च यत्रस्थौ तस्य राशेः फल प्रदौ॥

–प्रश्न प्रकाश

मंगल, बुध, शुक्र ग्रह वक्री और अतिचारी होने पर पूर्व राशि का फल देंगे परन्तु गुरु और शनि जिस राशि में बैठे हों उसी का फल करेंगे।

यात्रा प्रसंग लग्न में वक्री ग्रह–

वक्री केन्द्रेऽथ तद्वर्गो लग्ने यातुर्जयापहः।
गतिप्रमाण वर्णैर्वा विकृतश्च नभश्चरः।

–आरम्भ सिद्धि

वक्री ग्रह केन्द्र में हो वा वक्री ग्रह का वर्ग (द्रेष्काण, नवांश, सप्तांश आदि) लग्न में हो तो यात्रा करने वाले के जय का नाश करता है तथा जो ग्रह गति प्रमाण और वर्ण से विकृत हो वह भी यात्रा लग्न में प्रथम स्थान में रहा हुआ अशुभ होता है। अर्थात् यात्रा के लग्न में केन्द्र में एक भी वक्रो ग्रह अशुभ माना है, तो दो-तीन का तो कहना ही क्या। इसी तरह यात्रा लग्न के वर्ग (द्रेष्काण, नवांशादि) में भी लग्न गत वक्र ग्रह अशुभ माना है।

इस प्रकार से हम देखते हैं कि भारतीय ज्योतिष शास्त्र में अलग-अलग आचार्यों में वक्री ग्रह के बारे में अलग-अलग प्रकार के अनुभव अनुसंधान किये परन्तु इस पर स्वतन्त्र ग्रन्थ अब तक प्रकाश में नहीं आया। यदि मैं यह कह दूं कि पिछली कई शताब्दियों से उपेक्षित वक्री ग्रहों के अनुसंधान पर राष्ट्रभाषा हिन्दी का यह पहला ग्रन्थ है तो कोई अतिशयोक्ति नहीं होगी।

चिन्तनिका-4

पाश्चात्य विद्वानों की दृष्टि में वक्री ग्रह का स्वरूप

वक्री ग्रहों को लेकर पाश्चात्य विद्वानों एवं भारतीय विद्वानों की दृष्टि में भारी मतभेद है। पाश्चात्य देशों के धुरन्धर विद्वान् ऐलिन लियो (**Alin Leo**), जार्ज लेवेलिन (**George Lewellyn**), सिरिल फागन (**Cyril Fagan**), गार्थ ऐलेन (**Garth Allen**), ब्रिगेडियर आर. सी. फायरब्रेंस (**Brigadier R. C. Firebrance**), मेरी एल्स्नु (**Mary Elsnau**), कार्ल स्टाहल (**Carl Stahl**), डॉ. डब्लू. जे. टक्कर (**Dr. W. J. Tucker**), ग्रेस इंगलिस (**Grace Inglis**), डोनाल्ड एच. योट (**Donald H. Yott**), मोहन कोपारकर (**Mohan Koparkar**) जैसे प्रबुद्ध ग्रन्थकारों ने वक्री ग्रह पर कार्य किये तथा इस पर अनेक पुस्तकें एवं शोध प्रबन्ध भी प्रकाशित किये।

वक्री ग्रहों के प्रभाव के बारे में लेवेलिज जार्ज अपनी पुस्तक **"A to Z HOROSCOPE MAKER AND DELINEATOR"** में लिखते हैं– **"We belive that the influence of benefic planet is weakened when they are retrograde. The condition of retrogradation is contray or inharmonious to the regular direction of actual movement in the Zodias and is in that respect evil; hence when malefic planets are retrograde their malefic is increased. Aspects, whether radical or progressed, that are thrown to retrograde planet rob the promittor of its efficacy, what it promises falling short in actual results. Should both the planets be retrograde, the things indicated by the aspect would be deficient or disappointing hence retrogradation is considered a debility."[1]**

अर्थात लेखक की यह स्पष्ट मान्यता है कि ग्रह जब भी वक्री होते हैं उनकी प्रभावोत्पादक शक्ति कमजोर हो जाती है। भू-चक्र (राशिमण्डल) में निरन्तर आगे की ओर गतिशील जब कोई ग्रह पीछे की ओर जाता हुआ, वक्रत्व धारण किया हुआ

1. A to Z Horoscope Maker and Delineator (An American text book) Sagar Publication, Page 511.

दिखलाई देता है तो तुलनात्मक कुछ बुरा ही होता है, ऐसी स्थिति में यदि पापी ग्रह (Maltific planets) वक्री होते हैं तो उनका पापत्व (बुरा प्रभाव) और अधिक बढ़ जाता है। वक्री ग्रहों की दृष्टियां जिन-जिन भावों पर पड़ती हैं, उनका शुभ फल नष्ट हो जाता है। चाहे जिस स्थान में ग्रह वक्री हो, चाहे जिस भाव पर वक्र ग्रह की दृष्टि हो, दोनों ही स्थिति में वक्री ग्रह अशुभ फल के जनक माने जायेंगे।

लेखक महोदय आगे लिखते हैं–'किसी भी ग्रह के वक्री होने के पूर्व या पश्चात् जब भी ग्रह स्थिर (**Stationery**) दिखलाई पड़ता है, वह बहुत शक्तिशाली हो जाता है। ऐसा ग्रह जिस स्थान में बैठा है या जिस भाव पर उसकी दृष्टि है उसमें विशेष शक्ति का संचार कर देता है।'

ग्रह के शुभ दृष्टि सम्बन्ध भी उस समय नष्ट हो जाते हैं जब वह वक्री होता है तथा जो लाभ गोचर की शुभ स्थिति वश जातक को मिलने वाला होता है उसके प्रभाव में तत्काल रुकावट आ जाती है। तथा जातक शुभ फल से वंचित हो जाता है। वक्री अवस्था में ग्रह के प्रतिकूल प्रभाव एवं प्रतिकूल दृष्टि सम्बन्धों में भी प्रतिकूलता ही प्रतिध्वनित होगी।

ब्रिटिश के सुप्रसिद्ध ज्योतिष शास्त्र मर्मज्ञ एवं दर्जनों पुस्तकों के लेखक ऐलिन लियो (**Alin leo**) का मत अन्य पाश्चात्य विद्वानों एवं जार्ज लेवेलिन से कुछ हटकर है। वे अपनी पुस्तक **'DICTIONARY OF ASTROLOGY'** में लिखते हैं–'सभी पाश्चात्य विद्वानों ने एक मत से वक्री ग्रहों को कमजोरी एवं दुर्भाग्य का प्रतीक माना है परन्तु इसमें सत्यता कितनी है, यह सन्देहास्पद है। प्रत्येक ज्योतिषी व्यक्तिगत रूप से इस बारे में अपनी अलग-अलग रायशुमारी रखते हैं। व्यक्तिगत रूप से मेरी खुद की जन्म कुण्डली में शुक्र एवं बुध दोनों ग्रह वक्री होकर हैं। सूर्य मुझे शक्तिशाली ग्रह प्रतीत होता है परन्तु इन दोनों वक्री ग्रहों ने अपने स्थान या कारकत्व को लेकर अब तक मुझे किसी प्रकार का अशुभ या बुरा प्रभाव नहीं बताया। अतः वक्री ग्रहों के बारे में एकदम यह राय कर लेना कि इनका प्रभाव सदैव बुरा ही होता है, गलत है।'[1]

रोबर्ट आर. शंक (**Robert R. Shanks**) ने **"AMERICAN ASTROLOGY"** में एक रोचक टिप्पणी प्रस्तुत की है-

"A retrograde planet is like a child in action and reaction it implies delay or denial in its ojective action."[1]

अर्थात् वक्री ग्रह का प्रभाव छोटे व हठीले बच्चे के समान है जो काम तो करता है परन्तु जरा नखरे और नजाकत के साथ करता है।

ग्रेस इंगलिस (Grace Inglis) नामक एक अमेरिकन महिला ने 'फेट एण्ड

---

1. Dictionary of Astrology., Page No. 179.

डेस्टिनी' के सम्पादक सुप्रसिद्ध ज्योतिषी स्व. मानिकचन्द जैन के तत्त्वावधान में "Retrograde Planets" नामक पुस्तक लिखी। इस पुस्तक में वक्री ग्रहों के प्रभाव को पूर्ववत् नकारात्मक ही माना है। फिर भी लेखिका के नवीन निष्कर्ष उनके शब्दों में इस प्रकार हैं–

" It has often been found that those who have a planet retrograde at birth which is now retrograding progression will not make their greatest action during the time when that planet is making a forward aspect by transit movement. They will get more out of the vibration when it is retrograding.

Each direct movement of the vibration reaches a little further forward, taking up new things, and each backward movement of the vibration return to work out and complete that which still exists in the individual's life."[1]

अर्थात् यह अकसर देखा गया है कि लोगों की जन्म-कुण्डली में कोई ग्रह वक्री है तथा गोचरवश वही ग्रह पुन: वक्र हो रहा है तो उस ग्रह से प्रभावित महान कार्य अधूरे छूट जाते हैं। परन्तु वही ग्रह जब मार्गी होता है तो उस ग्रह से सम्बन्धित कार्य तत्काल पूरे हो जाते हैं। आगे की ओर बढ़ते हुए (मार्गी) ग्रह का प्रत्येक कदम (कालांश) जातक को कार्य की सफलता एवं नवीन उपलब्धियों की ओर ले जाता है जबकि पीछे की ओर लौटता हुआ प्रत्येक कदम (कालांश) जातक को पुन: कार्य की प्रारम्भिक अवस्था में ले जाकर पटक देता है।

रूस के प्रसिद्ध विद्वान् डोनाल्ड एच. योट ने अपनी पुस्तक **'RETROGRADE PLANETS AND REINCARMATION'** में एक नई धारणा एवं मान्यता को प्रस्फुटित किया है।

"Different astrologers have individual approaches to explaining retrograde planets, but the most important thing to remember is that retrograde planets in a chart represent negative character traits carried over from the past. This is a 'Karmic' response. It is same as if it were the South Node."[2]

अलग-अलग ज्योतिषी वक्री ग्रहों के बारे में व्यक्तिगत रूप से अलग-अलग पकड़ रखते हैं परन्तु सबसे महत्त्वपूर्ण याद रखने योग्य बात यह है कि वक्री ग्रह जातक की कुण्डली में पिछले जन्म के नकारात्मक चरित्र को स्पष्ट करते हैं। वक्री

---

1. Retrograde Planets, Sagar Publication, Page 16.

2- Retrograde planets and Reincarnation. Pub.-Astrological Publication, Page 2.

ग्रह राहु-केतु की तरह जातक के पूर्वजन्म में किये गए संचित कर्मों का प्रतिनिधित्व करते हैं।'

लेखक ने अनेक उदाहरण इस बारे में प्रसतुत किये हैं–उदाहरणार्थ मान लीजिये, बृहस्पति आपकी कुण्डली में वक्री है, यों यह आपके चरित्र के विषय में गुरु सम्बन्धी विपरीत गुणों का द्योतक है। लेखक के अनुसार आप पिछले जन्म में अधार्मिक व शराबी थे और अब जब-जब गुरु वक्री होगा आप उस काल विशेष में पुन: अधार्मिक बनने व शराब पीने की चेष्टा करेंगे।

न्यूयार्क के प्रसिद्ध ज्योतिषी एवं अनेक ग्रन्थों के यशस्वी लेखक **डॉ. मोहन कोपारकर** ने अपनी पुस्तक 'Retrograde' में वक्री ग्रहों के बारे में बहुत ही विस्तृत प्रकाश डाला है।

"Retrograde planet creates diffused qualities in the house. The qualities of the retrograde planets in a house will be much weaker, insecure and uncertain of its purpose. Doing something different from normal will be its basic goal."

इनकी मान्यता है कि वक्री ग्रह जिस भाव में स्थित होता है उस भाव सम्बन्धी फलादेश को कमजोर, अनिश्चित एवं असुरक्षित बना देता है पर इतना जरूर है कि ग्रह वक्री ग्रह के प्रभाव में व्यक्ति में असाधारण परिवर्तन आता है तथा उसकी कार्य-प्रणाली में विविधता बढ़ जाती है।

इसके अतिरिक्त बैंगलोर से प्रकाशित होने वाली 'Astrological Magazine' में कुछ विदेशी लोगों के विचार वक्री ग्रह के बारे में इस प्रकार से प्रकाशित हुए-

1. S. KANUAN, JANUARY 1972, PAGE 32 :

'Though the western opinion in that retrogression is an afliction, the views of Hindu Astrologers are quite diametrically opposite as they consider this position as a very strong factor and beneficial too.'

2. AGASTYA, SEPTEMBER, 1974, PAGE 678

"Western Astrology still undeveloped and lacking in precision and scope, holds the view that a retrograde planet, whatever be its other porpensities for good, will not give the results it indicates."

3. Y. A. K. IYER, SEPTEMBER, 1974, P. 706

"One of the common, embracing problems of horoscopic delineation is the interpretation of the effects of retrograde planets, for, the authors of Indian and Western Texts on the one hand Indian authors among themselves on the other, appear to speak in different voices."[1]

1. Retrograders, Publication-Mohan Enterprises Rochester N.Y., Page 7.

गोचर एवं वक्री ग्रह

इसके अतिरिक्त विदेशों में वक्री ग्रहों का तालमेल गोचर के ग्रहों से मिलकर सटीक फलादेश भी किये जाते हैं। इस बारे में उनकी विभिन्न धारणायें, मान्यता एवं सिद्धान्त इस प्रकार हैं।

चन्द्रमा–प्राचीन मान्यताओं एवं विश्वास के अनुसार कोई भी महत्त्वपूर्ण या नवीन कार्य नये चन्द्र के एक दिन पूर्व नहीं करना चाहिये। इसी प्रकार से कोई नया या जिम्मेदारी पूर्ण कार्य की शुरुआत उस समय भी नहीं करनी चाहिये जिस समय चन्द्रमा की अधिकृत राशि का स्वामी ग्रह आकाश में वक्री हो। क्योंकि ऐसा करने से आपके सारे कार्य का सत्यानाश हो जायेगा।

बुध–जब बुध वक्री हो तब व्यक्ति को किसी भी चलते कार्य के प्रति ज्यादा उत्साहित या सक्रिय नहीं होना चाहिए। ठेकेदारी या अनुबन्ध के नये कार्यों को बुध के मार्गी होने तक स्थगित कर दें। क्योंकि ऐसा न करने से व्यक्ति को कार्य में देरी, रुकावटें एवं बहुत अधिक दिक्कतें व परेशानियां होती देखी गई हैं।

मंगल–मंगल पुरुषत्व का प्रतिनिधि ग्रह होने से यह जातक की व्यक्तिगत ताकत, शक्ति, उत्साह, स्त्रियों के प्रति आकर्षण, झुकाव, सम्भोग की शक्ति एवं विवाह के प्रति रुझान को इंगित करता है। जब-जब आकाश में मंगल वक्री होता है तब-तब खास कर पुरुष लोग विवाह, सगाई एवं अपने जीवनसाथी के प्रति गलत निर्णय लेते हैं और बाद में पछताते हैं।[1]

यदि किसी स्त्री जातक की कुण्डली में मंगल वक्री हो तथा गोचर में वह पुनः वक्री हो जाए तो उस स्त्री की विवाह के प्रति, सैक्स के प्रति इच्छाएं पूर्णतः समाप्त हो जाती हैं।[2] व्यावहारिक तौर पर यहां तक पाया गया है कि कई युवतियों ने विवाह की पूर्वरात्रि में ही पति को त्याग दिया। वक्री मंगल के प्रभाव से लोग झूठे मुकद्दमें एवं लड़ाई-झगड़ों में भी उलझ जाते हैं। अतः वक्री मंगल काल में सैक्स के प्रति, लड़ाई-झगड़ों एवं नई उलझनों के प्रति सावधानी से कदम उठाना चाहिये।

शुक्र–शुक्र स्त्रियों की कोमल भावनाओं, सैक्स, कामकला एवं वैवाहिक सम्बन्धों का प्रतीक ग्रह होने से यह वक्री होने पर स्त्रियों में कामुकता बढ़ा देता है। उस समय वह अपने पति या प्रेमी से ज्यादा प्यार की अपेक्षा रखती है। ऐसा न होने पर वह प्रेमी या पति के प्रति गलत धारणायें बना सकती है।

पुरुषों की जन्म-कुण्डली में जब शुक्र वक्री हो एवं गोचर में भी वक्री हो जाता है तो यह देखा गया है कि पुरुष भी कुछ जरूरत से ज्यादा सैक्सी हो जाता है। उस

---

1. The Retrograde Venus and Mar by Raymond, F. Karner in 'Horoscope', January, 1960.
2. 'Reverse of Retrogrades' by Edwin, S. Walker in "American Astrology', October, 1964.

समय यदि पत्नी सैक्सी कार्य में पूर्ववत जोश-खरोश से सहयोग नहीं देती तो पुरुष पत्नी से विरक्त होकर अन्य स्त्री-मित्रों से सैक्स करता है। ऐसे काल में पुरुष जातक एलकोहल (शराब) का ज्यादा मात्रा में प्रयोग करने लग जाते हैं। अत: वक्री शुक्र में सैक्स मामलों के प्रति ज्यादा सावधानी रखनी चाहिये। यह भी देखा गया है कि शुक्र जब मार्गी हो जाता है तो पति-पत्नी की मनोमालिन्यता दूर हो जाती है, तलाक के मुकद्दमें निपट जाते हैं तथा प्रेमी-प्रेमिकाओं के प्रति पुन: प्रेम सम्बन्ध स्थापित हो जाते हैं।

बृहस्पति- पाश्चात्य देशों में यह कहावत प्रसिद्ध है-

"When Jupiter retrograde that there is turn of future".

अर्थात् जब बृहस्पति वक्री होता है तो भाग्य में परिवर्तन आता है। बृहस्पति जिस भाव में स्थित होकर वक्री होता है उस भाव के फलादेशों में अनुकूल व सुखद परिवर्तन आते हैं। आम तौर पर बृहस्पति के वक्री होने पर व्यक्ति अपने परिवार-कुटुम्ब, देश, संतान, जिम्मेदारियों, धर्म व कर्तव्य के प्रति ज्यादा चिन्तित हो जाता है।

जब बृहस्पति दूसरे स्थान में आकर वक्री होता है तब अपार धन-दौलत देता है, कर्जा वसूल होता है, बैंक बैलेंस बढ़ता है, ज्यादा जमा किया टैक्स वापस मिल जाता है, डूबा हुआ पैसा घर बैठे मिलता है, वेतन बढ़ जाता है, नये कार्य के लिए कोशिश करने पर, पहले से बेहतर व बढ़िया काम मिलता है एवं जातक की आर्थिक स्थिति सुदृढ़ होती है। नवम भाव में वक्री होने पर जातक के भाग्य-द्वार खोल देता है एवं द्वादश स्थान में वक्री होने पर जातक को जन्म-भूमि की ओर ले जाता है। बृहस्पति वक्री होने के बाद स्थिर एवं मार्गी होने के काल में जातक की मनचाही मुरादें पूरी करता है। बृहस्पति का वक्रत्व विदेशी लोगों ने ज्यादातर अच्छा माना है।

शनि-विदेशों में कहावत प्रसिद्ध है कि शनि के वक्री होने पर **"Saturn retrograde relax a little"** व्यक्ति को कुछ राहत मिलती है। वक्री शनि तनाव व संघर्ष से मुक्ति देता है तथा ऐसे समय में जातक अपने कार्यों का पुनर्मूल्यांकन, समीक्षा एवं जांच-पड़ताल करता है। नई योजनायें बनाता है तथा नये उत्साह के साथ अधिकृत कार्य के प्रति जागरूक हो जाता है। परन्तु शनि सिंह व धनु राशि में अनुकूल न होकर प्रतिकूल प्रभाव बताता है।

यूरेनस-यूरेनस वक्र होने पर मंगल की तरह उतावलापन, उत्तेजना एवं अवांछनीय सक्रियता बढ़ जाती है।

***

चिन्तनिका-5

वक्री ग्रहों का प्रभाव

गणितागत स्पष्टीकरण से एवं खगोलीय परिस्थिति से वक्री ग्रह की उपलब्धि होने के बाद पौर्वात्य एवं पाश्चात्य शास्त्रों में इनके भिन्न-भिन्न प्रभाव के बाद फलित ज्योतिष के विद्यार्थी होने के नाते, यह चिन्तन करना होगा कि वक्री ग्रह कितनी मात्रा में एवं कैसे लोगों को प्रभावित करते हैं। आकाश में जब कोई ग्रह वक्री होता है तो उस काल में जन्मे हजारों जातकों की कुण्डली में हमें वक्री ग्रह की उपलब्धि मिलेगी। यदि यह वक्री ग्रह दो राशियों का स्वामी हो तो इससे प्रभावित लोगों की संख्या भी द्विगुणित हो जायेगी। मंगल मेष और वृश्चिक दो राशियों का स्वामी है। परन्तु वक्री ग्रह के प्रभाव को देखने का वैज्ञानिक तरीका यह भी है कि मान लीजिए, जब मंगल वक्री होगा तो मेष और वृश्चिक लग्न वाले जातक तो प्रभावित होंगे ही, साथ में जिन जातकों का जन्म सूर्य, मेष व वृश्चिक राशि में है, वे भी प्रभावित होंगे और मंगल जिस घर में है, जहां पर उसकी दृष्टि है, वे स्थान भी प्रभावित होंगे। इसके साथ-साथ गोचर में मंगल जिस कुण्डली के जिस भाव में से गुजर रहा है, वह भी प्रभावित हुए बिना नहीं रहेगा।

यदि कभी दो ग्रह वक्री हुए तो वे जातक की कुण्डली पर अमिट छाप छोड़ जाते हैं। 15 नवम्बर, 1975 को एक ऐसा अवसर भी आया था जब दो-दो राशियों के स्वामी तीन ग्रह एक साथ वक्री हुए। उस समय शनि (मकर+कुम्भ), बृहस्पति (धनु+मीन) और मंगल (मेष+वृश्चिक) एक साथ वक्री हुए थे। जिस जन्म कुण्डली, लग्न के छः-छः भाव वक्री ग्रहों से प्रभावित हो जाएं तो फलित के विद्यार्थी को उस कुण्डली का अध्ययन विशेष रूप से करना अनिवार्य हो जायेगा क्योंकि ये तो खाली स्थान, तत्पश्चात् उन-उन राशियों के सूर्य, भाव एवं भावों पर दृष्टि सम्बन्ध एवं गोचर-फलादेश तो वक्री ग्रहों के प्रभाव के अध्ययन के बिना अधूरा ही रह जायेगा। अतः कुण्डली का फलादेश करते समय जो लोग वक्री ग्रह के प्रभावों का सूक्ष्म अध्ययन नहीं करते, वे वस्तुतः भयंकर भूल करते हैं।

इन वक्री ग्रहों का प्रभाव केवल व्यक्तिगत जातक तक ही सीमित न होकर राष्ट्र-व्यापी एवं अन्तर्राष्ट्रीय घटनाओं से भी होता है। 15 अगस्त, 1975 को जब बृहस्पति वक्री हुआ तो बंगलादेश के राष्ट्रपति एवं प्रमुख अन्तर्राष्ट्रीय पुरुष स्व. शेख

मुजीबुर्रहमान की नृसंश हत्या उनके परिवार कुटुम्ब सहित हो गई। स्व. मुजीबुर्रहमान की जन्म लग्न पर से उस समय 'नेपच्यून' पहले से ही वक्री चल रहा था एवं शुक्र उनके दशम भाव (राज्यस्थान) में जन्म से हो वक्री बैठा था। उस समय उनके छः-छः स्थान वक्री ग्रहों से प्रभावित हो चुके थे।

इतना ही क्यों, भारत के राष्ट्रपिता महात्मा गांधी की हत्या जब हुई तो 30 जनवरी, 1948 को नेपच्यून, यूरेनस, शनि एवं मंगल सभी ग्रह वक्री थे, जो कि उनकी कुण्डली के छः-छः स्थान को प्रभावित कर रहे थे। फलतः साथ ही राष्ट्र व्यापी हत्याएं हुईं, दंगे-फसाद में लाखों लोग मारे गये।

इतना ही नहीं, आज तक दो विश्व-युद्ध हुए। प्रथम विश्व-युद्ध 28 जून, 1914 तथा द्वितीय विश्व-युद्ध 3 सितम्बर, 1939 में हुआ। इन दोनों विश्व-युद्धों में तीन-तीन ग्रह वक्री थे तथा लग्न में मंगल+केतु+चन्द्र की विस्फोटक युतियां थीं। दोनों ही विश्व युद्ध की कुण्डलियों में गुरु नीच का होकर दु:स्थान में था तथा लग्न शुभ ग्रहों से दृष्ट नहीं था।'

जितने भी बड़े-बड़े राष्ट्रीय पुरुष हुए हैं उनके जन्म-कुण्डली में स्थित वक्री ग्रहों ने उनके व्यक्तिगत विकास में बहुत बड़ी सहायता की। पुस्तक के कलेवर को देखते हुए इस विषय को ज्यादा नहीं बढ़ाना चाहता फिर भी कुछ गिने-चुने ऐतिहासिक पुरुषों के नाम संदर्भ के रूप में प्रबुद्ध पाठकों के सामने प्रस्तुत है–

1. फ्रांस के महान् नेपोलियन की कुण्डली में बुध वक्री था। 2. ग्रेट ब्रिटेन के सुप्रसिद्ध यशस्वी शासक किंग जार्ज की कुण्डली में बुध व नेपच्यून दानों वक्री थे। 3. बेनिटो मुसोलिनी की जन्म-कुण्डली में शनि वक्री था तथा सन् 1939 के द्वितीय विश्व युद्ध में इनका प्रमुख हाथ था। 4. भारत के राष्ट्रपति डॉ. राजेन्द्र प्रसाद की कुण्डली में बुध वक्री था। 5. ऐडोल्फ हिटलर की कुण्डली में बुध वक्री था। 6. सुभाष चन्द्र बोस की कुण्डली में शनि वक्री था। 7. दलाई लामा की कुण्डली में बुध वक्री था। 8. शेख मुजीब, राष्ट्रपति बंगलादेश की कुण्डली में शुक्र व शनि वक्री था। 9. भारत के प्रधानमंत्री स्व. लालबहादुर शास्त्री की कुण्डली में शनि व गुरु वक्री थे। 10. अमेरिका के प्रेसिडेन्ट कैनेडी की कुण्डली में बुध व मंगल वक्री थे। 11. श्रीलंका के प्रधानमंत्री भंडार नायके की कुण्डली में तीसरे व दशम स्थान का स्वामी होकर मंगल वक्री था। 12. इजिप्ट के राजा फारूक की कुण्डली में शनि, गुरु व नेपच्यून तीन ग्रह वक्री थे।

इन सभी प्रसिद्ध व ऐतिहासिक पुरुषों की जन्म-कुण्डलियां प्रत्येक प्रबुद्ध ज्योतिषी के संकलन में उपलब्ध हैं तथा अनेक जगह ये कुण्डलियां विस्तृत

1. विशेष विवरण के लिए देखें 'अज्ञातदर्शन' वर्ष 5, अंक 2, पृ. 39 (सन् 1982)

चर्चाओं के साथ प्रकाशित भी हो चुकी हैं। आप पायेंगे कि इन सभी ऐतिहासिक पुरुषों की जन्म-कुण्डलियां जन्मस्थ वक्री ग्रह के साथ-साथ, जब-जब गोचर में भी ग्रह वक्री हुए हैं, बड़े विचित्र ढंग से प्रभावित हुई हैं। विषय विस्तार के भय से इन कुण्डलियों पर लम्बी बहस व चर्चा को यहां प्रतिपादित करना उचित नहीं है।

औसत अनुपात से पता चलता है कि प्रत्येक ज्योतिषी कार्यालय में आने वाली दस में से छ: कुण्डलियां वक्री ग्रहों से प्रभावित होती हैं। आप यहीं से शुरू करें। अपनी स्वयं की तथा अपने मित्रों की जन्म-कुण्डलियों में वक्री ग्रहों के प्रभाव का सूक्ष्मता से निरीक्षण करें तथा जब गोचर में ग्रह पुन: वक्री होते हैं तब उनके व्यक्तिगत जीवन में क्या परिवर्तन आता है? इसको भी बारीकी से नोट करें। फलित ज्योतिष अनुभव पर आधारित है। मुझे विश्वास है कि इस प्रकार के अनुसंधान से आपको कई विचित्र प्रकार के अनुभव एवं नये सूत्र सहज में ही प्राप्त हो जायेंगे।

जहां तक सांसारिक ज्योतिष (Mundane Astrology) का सवाल है, आप सभी लोगों के अनुसंधान, अनुभव एवं ज्ञानोपार्जन की दृष्टि को ध्यान में रखते हुए सन् 1986 में (**Test point**) परीक्षण हेतु आगे आने वाली निम्न तारीखें प्रस्तुत करता हूं। आप इस समय होने वाली राष्ट्रीय एवं अन्तर्राष्ट्रीय घटनाओं का लेखा-जोखा रखें, जिससे आपके व्यक्तिगत ज्ञान एवं अनुभव में कुछ-न-कुछ नया अध्याय जुड़ेगा ही।

Test point for practical knowledge

1. शनि वक्री 20 मार्च, 1986 से 6 अगस्त, 1986 तक
2. मंगल वक्री 4 जून, 1986 से 31 अगस्त, 1986 तक
3. बुध वक्री 8 जुलाई, 1986 से 3 अगस्त, 1986 तक
4. गुरु वक्री 10 जुलाई, 1986 से 10 नव., 1986 तक
5. शनि+मंगल+बुध+गुरु चारों ग्रह वक्री 10 जुलाई, 1986 से 31 जुलाई, 1986 तक रहेंगे, और इस समय मकर+कुम्भ, मेष+वृश्चिक, मिथुन+कन्या एवं धनु+मीन राशियां इन वक्री ग्रहों से प्रभावित रहेंगी। प्रेक्टिकल ज्ञान के लिए इससे बड़ा सुयोग व अवसर फिर शायद न मिल पाये।
6. शुक्र वक्री 14 अक्टूबर, 1987 से 1 दिसम्बर, 1986 तक
7. बुध पुन: वक्री 5 नवम्बर, 1986 से 22 नवम्बर, 1986 तक

इसके साथ ही हम अगली चिन्तनिकाओं में प्रत्येक ग्रह के वक्री होने पर जन्म-कुण्डली के अलग-अलग भावों (स्थानों, पर क्या असर होता है--इस पर विस्तार के साथ चर्चा करेंगे।

इस पुस्तक में अध्याय की जगह 'चिन्तनिका, शब्द का प्रयोग विशेष तौर पर

किया गया है क्योंकि वक्री ग्रहों का प्रभाव हम सभी के लिए अभी चिन्तन व मनन का विषय है। हम अभी तक किसी ठोस एवं शतप्रतिशत निश्चित निर्णय पर नहीं पहुँच पाये हैं। फलित ज्योतिष की यही सबसे बड़ी कमजोरी है कि हम सामूहिक रूप से, दत्त चित्त होकर, पूर्ण निष्ठा एवं समपर्ण भावना से शोधपरक अनुसंधान नहीं करते। अतः मैं अपने सभी पाठकों, प्रशंसकों, मित्रों, शुभचिन्तकों एवं आलोचकों से अत्यन्त विनम्र शब्दों में निवेदन करना चाहूंगा कि वे इस विषय पर अनुसंधान करें। पौर्वात्य व पाश्चात्य मान्यताओं का निचोड़, हमारे कई वर्षों का सार रूप में अनुभव, चिन्तन-कणों के रूप में, चिन्तनिका का आधार अब आपके सामने प्रस्तुत है। इनके माध्यम से अपने व्यावहारिक ज्ञान व अनुभवों में अभिवृद्धि करते हुए, समय-समय पर हमें उन अनुभवों से अवगत कराते रहें, ताकि ज्ञान की ये श्रृंखलायें प्रकाशन के माध्यम से जुड़ती हुई, आगे बढ़ती चली जाएं।

चिन्तनिका-6

वक्री बुध

वक्री बुध–जिन लोगों का बुध जन्मकाल में वक्री होता है वे संकेत व अन्तर्दृष्टि की भाषा समझते हैं। ये लोग, वस्तुयें, स्थान व घटनाओं की जानकारी व सत्यता के बारे में इतने जागरूक व सावधान नहीं होते, जितने होने चाहिये। ऐसे जातक दूसरे लोगों के बनिस्बत कुछ धीमे स्वभाव के होते हैं और मुसीबत के समय घबरा जाते हैं तथा घबराहट में ज्यादा गलतियां करने लग जाते हैं। इनमें तीव्र कल्पना-शक्ति एवं रचनात्मक क्रिया-प्रवृत्ति होती है। इनका मस्तिष्क उर्वरक होता है तथा ये प्रखर बुद्धिजीवी होते हैं एवं इनकी अन्तर्दृष्टि तेज होती है। लेखक के रूप में ये वातावरण पर ज्यादा एवं वस्तु स्थिति पर कम, चरित्र-चित्रण पर ज्यादा एवं घटनाओं पर कम ध्यान देते हैं। ज्योतिषी के रूप में भाव वर्णन, जातक के चारित्रिक विशेषताओं पर ज्यादा किन्तु ठोस व सटीक फलादेश पर कम ध्यान दे पाते हैं।

बुध वक्री वाले जातक आत्मचिन्तन ज्यादा करते हैं तथा अपने कल्पना-लोक में ज्यादा व्यस्त रहते हैं। ये लोगों की आलोचनाओं पर कम ध्यान देते हैं। ऐसे लोग घटनाओं के घटित हो जाने के बाद ज्यादा सक्रिय होते हैं तथा बात गुजर जाने के पश्चात अपने बुद्धिमत्तापूर्ण तर्क-विर्तक प्रस्तुत करते हैं। इनकी बातें लचीली एवं रसदार होती हैं परन्तु वास्तविकता के धरातल पर ठोस एवं ज्यादा सच्ची नहीं होतीं।

वक्री बुध प्रथम भाव में

जिस जातक की कुण्डली में बुध ग्रह वक्री होकर प्रथम भाव (स्थान) में बैठा हो तो ऐसे व्यक्ति अपनी ढुल-मुल नीति के कारण किसी भी बात के निर्णय पर बहुत कठिनता से पहुँच पाते हैं। बुध एक तेज गति का कुमार ग्रह होने के कारण, ऐसे व्यक्ति तेज गति से सोचते हैं, तेज गति से बोलते हैं, तेज गति से खाना खाते हैं तथा जीवन का प्रत्येक कार्य उतावलेपन से करते हुए देखे जाते हैं। यह इनकी प्रमुख विशेपता कही जा सकती है। ऐसे व्यक्ति को कुछ भी बोलने के पहले थोड़ा ठहरना, सोचना चाहिए, ताकि बाद में उनको पछताना न पड़े।

पहले स्थान में बुध वक्री होने पर व्यक्ति को किसी भी बात पर जल्दीबाजी में निर्णय नहीं करना चाहिए। ऐसे जातक प्रायः निराशावादी होते हैं। ऐसे जातक बहुत

व्यस्त होते हैं तथा एक साथ कई काम शुरू कर देते हैं परन्तु बहुत कम कार्यों में सफलता मिल पाती है।

यदि किसी जातक की जन्म-कुण्डली में बुध वक्री है तथा दस दिन बाद वह मार्गी हो जाता है तो इसका तात्पर्य यह है कि उसे जातक के जीवन में दस वर्ष की आयु में एकदम बदलाव आयेगा। परिवर्तन सम्बन्धी फलादेश करते समय एक दिन का अनुपात एक वर्ष में आंका जा सकता है

वक्री बुध द्वितीय भाव में

ऐसे व्यक्ति अपनी बुद्धि से धनोपार्जन करते हैं। इनकी वाणी निर्मल होती है तथा ये मिष्टान्नभोगी होते हैं। धन खर्च करने के मामले में ऐसे जातक बहुत लापरवाह होते हैं। अपने मूड एवं घटनाक्रम के बदलते रहने पर दिन-ब-दिन, नित खर्चे करते जाते हैं। ऐसे व्यक्ति प्रायः भौतिकवादी होते हैं तथा अपनी निजी सुख-सुविधाओं व आदतों पर ज्यादा खर्च करते हैं।

द्वितीयस्थ वक्री बुध की दृष्टि आठवें भाव पर होने के कारण ऐसे जातक शाश्वत सत्य की खोज में , दार्शनिक धरातल एवं आध्यात्मिक आलोक में जीवन बिताना पसन्द करते हैं।

वक्री बुध तृतीय भाव में–

तृतीय भाव का कारक होकर बुध यदि तृतीय स्थान में वक्री हो तो जातक अपने लोगों से युत, मूर्ख बुद्धि, ज्यादा चालाक होने के साथ कुछ अव्यावहारिक होता है। ऐसे जातक शूरवीर और साहसी होते हैं। इनको भाई-बहन का सुख भी होता है पर भाइयों से निभेगी नहीं। ऐसे व्यक्ति अनेक लोगों से मेलजोल बढ़ाते हैं परन्तु इनके विचार सभी लोगों के साथ बने रहेंगे।

तृतीय स्थान में वक्री बुध वाले व्यक्ति को परिश्रम बहुत करना पड़ता है। ऐसे जातक कुशल लेखक, पत्रकार, संवाददाता या संचार उपकरणों एवं माध्यमों से जुड़े होते हैं। इस प्रकार की ग्रह स्थिति वाले जातक की अपने रिश्तेदारों के साथ भी कम निभती है एवं पड़ोसियों के प्रति भी ये उखड़े रहते हैं। ऐसे लोगों को रिश्तेदारों के साथ घरेलू वातावरण एवं मित्रों, पड़ोसियों के साथ सहानुभूतिपूर्ण वातावरण का निर्माण करना चाहिये।

वक्री बुध चतुर्थ भाव में–

चतुर्थ भाव में वक्री बुध वाले व्यक्ति के बहुत नौकर-चाकर होते हैं। ऐसा जातक यशस्वी, भाग्यवान व चतुर होते हैं। चौथा भाव माता-सुख, नौकर-चाकर,

मकान इत्यादि का होते हुए भी इस बात का संकेत देता है कि हमारे आप-पास का वातावरण माहौल कैसा है? हम किसी प्रकार के लोगों से घिरे रहते हैं तथा हम उनसे कैसा व्यवहार करते हैं?

इस भाव में बुध वक्री होने से जातक बेचैन रहता है तथा वाणी से रूखा हो जाता है। यदि चौथे स्थान में बुध वृष या वृश्चिक राशि में हो तो जातक अस्पष्ट या हकलाकर बोलता है तथा भाषण में अकसर विरोधाभास आ जाता है। इस भाव में वक्री बुधगत जातक अपने-आपको लागों के सामने धनी-मानी, प्रतिष्ठित एवं आध्यात्मिक प्राणी के रूप में प्रस्तुत करता है। बढ़चढ़ कर बातें करना एवं मिथ्या वैभव का प्रदर्शन करना इनकी बड़ी भारी कमजोरी कही जा सकती है।

वक्री बुध पंचम भाव में–

जिस मनुष्य के पंचम भाव में वक्री बुध हो उसे पहली अवस्था में पुत्र प्राप्त नहीं होता है, कन्याएं होती हैं। अपनी बुद्धि से धनोपार्जन करता है। ऐसा जातक असावधान (आवारा), मिथ्या भाषण करने वाला एवं प्रेम के मामले में सदैव झूठा एवं अविश्वासी होता है। ऐसे जातक परिवार की जिम्मेदारी एवं बच्चों के सही भरण-पोषण से कतराते हैं। ये लोग जीवन के क्षणिक आनन्द, वैभव, विलासिता पर ज्यादा तथा वास्तविक आनन्द, स्थाई सुख एवं आदर्श-मूल्यों की रक्षा हेतु कम ध्यान देते हैं।

वक्री बुध षष्ठ भाव में–

जन्मलग्न के छठे भाव में वक्री बुध, लोगों के साथ विरोध बढ़ाता है। ऐसा जातक शत्रुओं को आगे बढ़ने से रोकता है, संन्यासियों के साथ ज्ञानवार्ता करता है। प्राय: ऐसा व्यक्ति निराशावादी, अधैर्यशाली एवं जीवन के प्रति असन्तुष्ट रहता है। ऐसा व्यक्ति दूसरों के प्रति, समाज व जाति के प्रति सेवा करके खुश नहीं होता। आम व्यक्ति के प्रति इनका रवैया कुछ चिड़चिड़ा होता है। कालपुरुष की छठी राशि का स्वामी होकर बुध छठे स्थान में होने से व्यक्ति अत्यधिक उतावला, अधैर्यशाली, चंचल एवं नकारात्मक प्रकृति वाला होता है।

इस भाव में वक्री बुध व्यक्ति को असामाजिक प्राणी बना देता है। ऐसा व्यक्ति अपनी वाणी और दुर्व्यवहार के कारण अकारण शत्रु पैदा करता है। जीवन में अविवेकशील निर्णय के कारण बाद में पछताता रहता है। 'मानसागर' के अनुसार षष्ठभाव में बुध वक्री हो तो शत्रु से भय, यदि मार्गी हो, या शुभग्रह या स्वगृह में हो तो जातक शत्रुओं को जीतने वाला होता है।

वक्री बुध सप्तम भाव में-

वक्री बुध सप्तम भाव में हो तो जातक की पत्नी अत्यन्त सुन्दर मृगनयनी होती है। यदि यह बुध शत्रुक्षेत्री, पापपीड़ित हो एवं शुभ ग्रहों से दृष्ट न हो तो कामक्रीड़ा में मनुष्य अपनी पत्नी से हमेशा पराजित रहता है अर्थात् उसको सन्तुष्ट नहीं कर सकता। यही फल स्त्री जातक के विषय में समझें।

ऐसे जातक के विवाह के समय में झगड़े होते हैं। व्यापार में भागीदार पर विश्वास नहीं रहता, साझेदारी ज्यादा नहीं चल पाती। ऐसे जातक को यात्रा, प्रवास से लाभ रहता है। व्यक्ति का धनी कुल में विवाह होता है। उसकी सम्पति की बराबरी कोई दूसरा नहीं कर सकता। लेखन से कीर्ति मिलती है परन्तु लेखन कार्य में बाधा बहुत आती है।

सप्तम भाव में वक्री बुध मेष या कन्या राशि में हो तो विवाह के तत्काल बाद भाग्योदय होता है परन्तु ऐसा जातक शीघ्रगामी, जल्दी उत्साहित होने वाला, बात-बात पर क्रोध करने वाला एवं आत्मकेन्द्रित बुद्धि वाला होता है। ऐसे व्यक्ति अपने भाव, विचार एवं अभिव्यक्ति से दूसरों को प्रभावित नहीं कर पाते। ऐसे व्यक्ति को विवाह, भागीदारी एवं गुप्त समझौते में बहुत सावधानी बरतनी चाहिये तथा प्रत्येक कार्य में धैर्य व शान्ति से काम लेना चाहिये।

वक्री बुध अष्टम भाव में-

जिस मनुष्य का वक्री बुध अष्टम भाव में हो, तो वे शतायु एवं दीर्घजीवी होते हैं। देश-परदेश में विख्यात होते हैं, विपुल कीर्ति, यश व प्रतिष्ठा का अर्जन करते हैं। व्यापार में बहुत धन कमाते हैं तथा राजा के यहां उनका बहुत सम्मान होता है। इनको स्त्रियों के साथ हास्य-विलास का सुख भी प्राप्त होता है तथा ये रतिक्रीड़ा के विशेषज्ञ होते हैं।

ऐसे जातक को मस्तिष्क और नसों के रोग होते हैं। इनकी स्मरण-शक्ति अच्छी होती है। वह गुप्त विद्या और अध्यात्म शास्त्र का ज्ञाता होता है। बुध उच्च, स्वक्षेत्र या शुभ ग्रहों, मित्र ग्रहों से युत हो तो लॉटरी या अन्य साधनों से अचानक धन की प्राप्ति होती है। क्योंकि यहां पर बैठकर वह द्वितीय भाव (धन स्थान) को पूर्ण दृष्टि से देखता है।

ऐसे जातक की वाणी एवं क्रिया दोनों त्रुटिपूर्ग होती है। ऐसे व्यक्ति जीवन में नकारात्मक प्रक्रिया को अधिक अपनाते हैं। यदि ये लोग ज्योतिषी हैं तो इनकी भविग्यवाणियां अकसर गलत होती हैं क्योंकि ये ठोस कारण व आधार को अनदेखा करके, वातावरण से प्रभावित रहते हैं। यदि वकील है तो अदालत में बहसबाजी करने के बाद सही तर्क ध्यान में आते हैं। जल्दीबाजी इनको सफलता में मुख्य रूप

से बाधक होती है एवं इनका जीवन साथी गुप्त रहस्यों व घरेलू बातों को पचाने में असमर्थ होता है।

वक्री बुध नवम भाव में–

नवम भाव में बुध वक्री होने पर जातक बड़ा बुद्धिमान, चतुर व धनवान होता है एवं कुल व ग्राम को अपने ज्ञान, धन व यश से उज्ज्वल करता है। ऐसा व्यक्ति चुगलखोरों, दुर्जनों एवं ईर्ष्यालु व्यक्तियों को सबक देने में सक्षम होता है। प्राय: इनके माता की मृत्यु 29वें वर्ष में होती है एवं भाग्योदय 32वें वर्ष में होता है। ऐसा जातक चपल, बुद्धिमान, भाषा शास्त्र प्रवीण, शोधक बुद्धि का, वैद्य, वैज्ञानिक एवं नई चीजों में रुचि रखने वाला होता है।

बुध यदि निर्बल, शत्रुक्षेत्री, पापपीड़ित किंवा नीच राशि गत हो तो व्यक्ति पागल के समान भटकता है, जीवन का कोई निश्चित लक्ष्य व उद्देश्य नहीं होता। दार्शनिक, धार्मिक एवं साहित्यिक-क्षेत्र में इनके बहुत से शत्रु होते हैं। ऐसे व्यक्ति जीवन में मर्म व शाश्वत सत्य के जिज्ञासु होते हैं। ऐसे जातक यदि कूप-मण्डूक न होकर सभी धर्मों की मान्यताओं एवं सभी लोगों के अनुभवों व विश्वासों का अध्ययन करेंगे, वे दूसरों के स्वतन्त्र विचार, अभिव्यक्ति को आदर देंगे तो सफल दार्शनिक, धर्म-मर्मज एवं प्रतिष्ठित विद्वान् तथा लोकप्रिय नेता के रूप में ज्यादा पूजे जायेंगे।

वक्री बुध दशम भाव में–

जिस मनुष्य के जन्म-लग्न से दशवें स्थान में वक्री बुध हो तो उसे पैतृक सम्पति की प्राप्ति होती है। ऐसा व्यक्ति राजनेता एवं मनुष्यों में असाधारण व्यक्तित्व वाला होता है। ऐसा जातक अपने से समकक्ष एवं ऊंचे प्रभुत्व सम्पन्न लोगों की परवाह नहीं करता। ऐसे व्यक्ति वाहनादि सुखों से युक्त, चतुर व चालाक होते हैं एवं व्यक्तिवादी संकुचित दृष्टिकोण होने के कारण जनसाधारण में उपहास के पात्र होते हैं।

दशमस्थ वक्री बुध वाला जातक व्यापार-क्षेत्र में अद्वितीय सफलता प्राप्त करता है। सरकारी क्षेत्र में बाबूगिरी, टाइपिस्ट, संगणक का कार्य करने वाला, ईमानदार, कर्तव्यनिष्ठ एवं स्वावलम्बी होते हैं।

बुध की स्थिति जन्मपत्र में अच्छी होने पर जातक दलाली, लेखनी, साहूकारी वगैरा स्त्रोतों से धन व यश का उपार्जन करता है।

वक्री बुध एकादश स्थान में–

एकादश भाव में बुध वक्री हो तो जातक दीर्घायु, धनाढ्य, सुखी, सम्पन्न एवं

प्रतिज्ञापालक होता है। ऐसे व्यक्ति के नौकर-चाकर भी होते हैं तथा मित्र बहुत होते हैं। मित्र सभी निम्न स्तर के, जातक के स्तर से नीचे स्तर के होते हैं क्योंकि ऐसे जातक में कुछ हीन भावना होती है तथा जानबूझकर ऐसे मित्रों का चुनाव करता है जिसके बीच वह स्वयं अपने को सर्वश्रेष्ठ सिद्ध कर सके।

एकादशस्थ वक्री बुध यदि शुभ ग्रहों से युत हो तो जातक को सभी ओर से लाभ होता है तथा अशुभ ग्रहों से युत होने पर चारों ओर से नुकसान होता है। यदि इस भाव में मेष का बुध हो तो झगड़ालू, **वृष**–दुराग्रही, **मिथुन**-चपल, **कर्क**, **वृश्चिक** या **मीन** का बुध एकादश भाव में हो तो जातक स्वतन्त्र व्यापार करता है। ऐसे व्यक्ति को सामाजिक कार्यों के प्रति सजग एवं जन-सम्पर्क के प्रति सावधान एवं विपरीत लिंगी के प्रति व्यवहार करते समय सतर्क रहना चाहिए अन्यथा बदनामी के योग भी बनते हैं।

वक्री बुध द्वादश स्थान में–

द्वादश भावगत वक्री बुध वाला जातक शत्रु दल को मार भगाने में सक्षम, शक्तिशाली, गगनगामी एवं सेनादल पर व्यय करने वाला होता है। ऐसा व्यक्ति किसी-न-किसी प्रकार के व्यय करने के लिए प्रेरित, बाधित व उत्साहित होते रहते हैं। यह स्थान छठे घर के एकदम सामने होने के कारण ऐसे जातक के गुप्त शत्रु एवं कपट-मित्र बहुत होते हैं, जिन्हें पहचानने में जातक अकसर गलती करता रहता है।

ऐसा व्यक्ति धार्मिक-प्रसंगी व शुभकार्यों में पैसा खर्च करता है। इनके पास भूमि बहुत होती है। यदि वक्री बुध एकादश स्थान में पुरुष राशि में हो तो जातक को सभी से शुभ फलों की प्राप्ति होती है किन्तु यदि बुध ग्रह स्त्री राशि में होता है तो फलादेश प्रतिकूल हो जाता है।

चिन्तनिका-7

वक्री शुक्र

वक्री शुक्र–

वक्री शुक्र वाले जातक को जीवन में किसी वस्तु के प्रति लगाव नहीं रह जाता और आनन्ददायक वस्तुयें उनके लिए नीरस हो जाती हैं। इस काल में व्यक्ति सत्यवक्ता व कटुभाषी हो जाता है। निराशा की कुछ ऐसी भावना जागृत होती है कि उनके लिए पत्नी, बच्चे, गृहस्थी एवं अन्य सुखों के प्रति मान्यता ही बदल जाती है। वक्री शुक्र के कारण व्यक्ति कई बार महत्त्वहीन वस्तुओं को ज्यादा महत्त्व देने लग जाता है तथा महत्त्वशाली वस्तुओं के प्रति उदासीन हो जाता है। प्राय: ऐसी अवस्था में व्यक्ति संकुचित एवं सीमित विचारों वाला हो जाता है एवं सामाजिक व कौटुम्बिक जिम्मेदारियों से मुंह मोड़ लेता है।

कई बार वक्री शुक्र के कारण व्यक्ति में भावुकता बढ़ जाती है तथा अपने प्रेमी से ज्यादा प्यार पाने के लिए लालायित हो उठता है तथा वांछित प्यार-स्नेह या महत्त्व न मिलने पर सम्बन्धित व्यक्ति के प्रति विद्रोह कर बैठता है। यह भी देखने में आया है कि बड़े-बड़े कलाकार, संगीतज्ञ, कवि, श्रृंगारक, लेखक एवं ज्योतिषी के जन्मकुण्डली में शुक्र वक्री होता है। ऐसे लागों में सृजनात्मक शक्ति होती है परन्तु इनके कार्य के प्रति, सेवा एवं समर्पण भाव के प्रति समाज व मिलने-जुलने वालों का यदि प्रशंसात्मक रवैया नही रहता हो तो ऐसे लोग बहुत जल्दी हताश व निराश हो जाते हैं।

दूसरे शब्दों में वक्री शुक्र वाले व्यक्तियों में एक प्रकार के 'अहम्' की जागृति रहती है। उस अहम् की तुष्टि करके, इनकी प्रशंसा करके, इनके द्वारा किये गए कार्यों का सही मूल्यांकन करके आप इनका हृदय जीत सकते हैं तथा इनसे लाभ उठा सकते हैं। प्राय: वक्री शुक्र वाले जातक धार्मिक होते हैं तथा धार्मिक संस्कारों के प्रति जागरूक भी होते हैं। ये लोग धर्म के मार्मिक रहस्य को समझते हैं तथा धर्म की ठेकेदारी करने वाले लोगों की तुलना में ज्यादा मानवतावादी होते हैं। यदि कन्या का शुक्र वक्री हो तो व्यक्ति में उत्साह, प्रसन्नता एवं सेवाभाव विशेष रूप से जागृत रहता है अत: वक्री शुक्र किस राशि में हैं तथा किस भाव में है, शुभ या अशुभ ग्रहों से दृष्ट किंवा युत होने पर फलादेश अलग-अलग प्रवाह के हो जाते हैं।

वक्री शुक्र प्रथम भाव में–

वक्री शुक्र लग्न में हो तो उस जातक का रूप सुन्दर होता है तथा सुन्दर मृगनयनी स्त्रियों से रतिक्रीड़ा करता है। ऐसा व्यक्ति उत्तम वाणी बोलने वाला, राजप्रिय एवं विद्वान होता है। प्राय: ये लोग संगीतज्ञ, कवि, कलाकार, पंडित, लेखक एवं अच्छे मिजाज के आनन्दी जीव होते हैं। वृष, मिथुन, तुला, कुम्भ या मीन राशिगत लग्नस्थ वक्री शुक्र शुभ माना गया है। मेष, वृश्चिक, कन्या या मकर वाला जातक व्यभिचारी, शराबी या व्यसनी होता है तथा दूसरों की इच्छाओं के विपरीत कार्य करता है। वक्री शुक्र वाले जातक स्त्रियों को सहज में ही वश में कर लेते हैं परन्तु स्त्रियों के कारण जीवन में बदनाम भी होते हैं। ऐसे व्यक्ति कुछ आत्मकेन्द्रित होते हैं तथा ऐश्वर्य, विलास एवं अहंकार पूर्ण जीवन जीने में विश्वास रखते हैं।

वक्री शुक्र द्वितीय भाव में–

द्वितीय भाव में वक्री शुक्र वाला जातक कामुक, विलासी, कलाकार, विद्यावान एवं धनी-मानी होता है। भौतिक वस्तुओं एवं सांसारिक आनन्द के प्रति इनका ज्यादा झुकाव होता है। ऐसे व्यक्ति मुक्त हस्त से पैसा खर्च करते हैं तथा दिखावे के प्रति ज्यादा रुचि रखते हैं। यदि यह शुक्र चन्द्रमा के साथ हो तो व्यक्ति को नेत्र-पीड़ा, 'रात्र्यन्धता' होती है। शुक्र यहां पर यदि पाप ग्रहों से युत हो तो धन-हानि, व्यसनी एवं बुरी संगत, जुआ एवं वेश्यावृत्ति में जातक को उलझा देता है। ऐसे व्यक्ति वस्त्रों, अलंकारों एवं श्रृंगारों-कलाओं पर ज्यादा ध्यान देते तथा फैशन की दुनिया व सिनेमा के शौकीन होते हैं। यदि ऐसे लोग भौतिकवाद को छोड़कर अध्यात्म की ओर ध्यान दें तो जीवन सुन्दर बन सकता है। इनको मित्रों द्वारा कुछ विशेष लाभ भी होता है।

वक्री शुक्र तृतीय भाव में–

तृतीय भाव में अकेला वक्री शुक्र अशुभ फल देता है। जातक के बहनें बहुत होती हैं। ऐसा जातक रचनात्मक एवं व्यावहारिक कार्यों में असफल रहता है तथा केवल कल्पनालोक में ही विचरण करता रहता है। शुक्र यदि अशुभ योग व शुभ राशि में हो तो ऐसा जातक व्यभिचारी एवं रंगीला होता है तथा शत्रु पक्ष से परेशान रहता है। पत्र-व्यवहार में कुशल तथा बातचीत में पटु होता है एवं अनजान-से-अनजान व्यक्ति को भी अपना मित्र बना लेता है। ऐसे व्यक्ति कुछ लापरवाह तथा आलसी भी होते हैं। ऐसे व्यक्ति में आत्मनियन्त्रण की कुछ कमी होती है।

यदि तृतीय स्थान में वक्री शुक्र वृश्चिक राशि में हो, तो ऐसा व्यक्ति अपने

सहयोगियों एवं अधीनस्थ कर्मचारियों को ज्यादा सम्मान नहीं देता तथा रूखा व्यवहार रखता है। कर्क राशि में तृतीयस्थ शुक्र व्यक्ति को अतिभावुक, प्रेमी, संवेदनशील एवं कामुक बना डालता है। ऐसा व्यक्ति सुख व दु:ख की घटनाओं में जल्दी प्रभावित होकर तत्काल दु:ख या सुख की कल्पना में खो जाता है।

वक्री शुक्र चतुर्थ भाव में–

चतुर्थ भाव में वक्री शुक्र भूमिपति होने का संकेत देता है पर जातक को भूमि, मकान व जमीन से एक बार अलग भी कर देता है। ऐसा व्यक्ति ग्राम का मुखिया, विवेकसम्पन्न व कीर्तिवान होता है। ऐसे जातक को माता का सुख अच्छा मिलता है। शुक्र यदि मंगल से प्रभावित हो तो परिवार व घर-बच्चों के प्रति लगाव कम रहता है। ऐसे जातक की बुद्धि उसके व्यक्तिगत विकास में बाधक होती है तथा आयु के अंतिम भाग में बहुत खर्च करना पड़ता है।

शुक्र के साथ रवि या चन्द्र का शुभ योग हो तो विजय एवं लाभ की प्राप्ति होती है। माता-पिता का सुख मिलता है तथा मृत्यु अच्छी स्थिति में होती है।

वक्री शुक्र पंचम भाव में–

वक्री शुक्र पंचम भाव में कन्या सन्तति की बाहुल्यता देता है। ऐसे जातक को पुत्र होते हुए भी सुपुत्र का फल प्राप्त नहीं होता। मन्त्रजाप एवं साधनाओं से सिद्धि मिलती है। इनकी पहली संतान बहुत सुन्दर व आकर्षक होती है। ऐसा व्यक्ति जुआरी भी होता है तथा लॉटरी, ताश एवं अन्य ज्ञानवर्धक खेलों में ज्यादा रुचि रखता है।

यदि शुक्र बिगड़ा हुआ हो तो व्यक्ति समलिंगी सैक्स में रुचि रखता है। इन्हें प्रेम में असफलता मिलती है। ऐसे व्यक्ति जीवन में बड़ी-से-बड़ी रिस्क लेने में नहीं हिचकिचाते हैं। ऐसे जातक यदि निश्चल प्रेम करने लग जाएं तथा अपंग बच्चों की सेवा में रुचि एवं सहानुभूति रखने लग जाएं तो इनका वर्तमान जीवन बहुत सुखी हो सकता है तथा पंचम भाव सम्बन्धित शुभ परिणाम भी मिलने लग सकते हैं।

वक्री शुक्र षष्ठ भाव में–

छठे भाव में वक्री शुक्र वाला जातक स्त्री के प्रति द्वेष बुद्धि रखता है। इसके शत्रु बहुत होते हैं तथा शत्रु बलवान होते हैं। यत्न के द्वारा सम्पादित इनका धन नष्ट हो जाता है। ऐसे व्यक्ति अपने अहं एवं घमण्ड के कारण प्राय: पराभव को प्राप्त करते हैं।

ऐसे व्यक्ति का स्वास्थ्य अच्छा व शरीर मजबूत होने पर ये दूसरे व्यक्ति को पीड़ा व कष्ट पहुँचाने में नहीं चूकते। ऐसे व्यक्ति खाने में अनियमितता के कारण एवं अत्यधिक विषय-भोग के कारण बीमार पड़ते हैं। जननेन्द्रिय में विकार, गुप्तरोग एवं

गुप्त शत्रु से हानि वक्री काल में विशेष रूप से होती है–इस बात का विशेष ध्यान रखना चाहिए।

वक्री शुक्र सप्तम भाव में–

ऐसे जातक अपने खुद के शत्रु स्वयं ही होते हैं। विवाह, भागीदारी, व्यापार में संदेहास्पद नीति के कारण सफल व सुखी नहीं होते। ऐसे व्यक्ति अपने जीवनसाथी व भागीदार के प्रति पूर्ण निष्ठा, विश्वास नहीं रखते, केवल स्वार्थपूर्ण बात करते हैं तथा धन व स्त्री के प्रति लालची दृष्टि रखते हैं। इन्हें वेश्याओं से प्रेम होता है एवं परस्त्री में ज्यादा रुचि रखते हैं। यदि शुक्र वृश्चिक या मकर राशि में हो तो जातक व्यभिचारी मानसिक वृति का होता है। शुक्र दूषित हो तो विवाह देर से होता है, स्त्री सुख अच्छा नहीं मिलता। नेष या कुम्भ में शुक्र हो तो पत्नी विजातीय होती है। शुक्र यदि स्त्री संज्ञक राशियों में हो तो ऐसा जातक स्त्री को तुच्छ तथा कामनापूर्ति का साधन मानता है। ऐसे व्यक्ति यदि कृतज्ञता ज्ञापन करना सीख लें तो जीवन सुधर सकता है।

वक्री शुक्र अष्टम भाव में–

अष्टम में वक्री शुक्र वाला जातक पिता का ऋण चुकाता है। ऐसे व्यक्ति यदि एक बार किसी से कर्ज ले लें तो कर्ज बढ़ता ही चला जाता है। इनके जीवन की प्रत्येक वस्तु (विवाह, भागीदारी, मित्रता) का अन्त दु:खदाई होता है। वक्री शुक्र यदि मेष में हो तो तृष्णा से, वृषभ में हो तो मुख-रोग से, मिथुन में हो तो दन्त-रोग से, कर्क में त्रिदोष से, सिंह में ऑपरेशन से, कन्या में जंगली जानवर से, तुला में सर्प या विषयुक्त भोजन से, वृश्चिक में जहरीले कीड़ों के काटने या एलर्जी से, धन में वायु विकार से, मकर में विष प्रयोग से, कुम्भ में अति काम-भोग से, एवं मीन में अति दु:ख से जातक की मृत्यु होती है।

यदि इस शुक्र की मंगल या प्लूटो से युति हो तो जातक जनता का बहुत सारा रुपया, किसी योजना के द्वारा इकट्ठा करके हड़प जाता है। यदि यूरेनस की युति हो तो व्यक्ति धार्मिक नेता या ज्योतिषी होता है एवं वक्री काल में लोगों को डराकर काफी पैसा कमाता है।

वक्री शुक्र नवम भाव में–

नवम भाव में वक्री शुक्र व्यक्ति को सूदखोर बना देता है। ऐसे व्यक्ति के अनेक कर्जदार होते हैं। धार्मिक कार्य, यज्ञ, दान, सदाव्रत, प्याऊ, अस्पताल एवं चैरिटी ट्रस्ट के माध्यम से ऐसा जातक खूब पैसा खर्च किया करता है परन्तु इनमें अहं-तुष्टि व आत्म-प्रशंसा की भूख बहुत होती है। ऐसे व्यक्ति, सामाजिक, धार्मिक

एवं जातिगत नियमों की अवहेलना करते रहते हैं तथा किसी के भी अनुशासन में रहना पसन्द भी नहीं करते।

शुक्र शुभ ग्रहों से दृष्टि या युति करने पर ऐसा जातक अपने कुटम्बीजनों का प्रेमी व शुभचिन्तक होता है। समुद्री प्रवास, विदेश-यात्रा करता है तथा अलभ्य वस्तुओं के संकलन का प्रयत्न करता है। नवम भाव में वक्री शुक्र व्यक्ति को निर्भीक बना देता है। ऐसा जातक शत्रुओं का मार्ग-दर्शन करने में समक्ष होता है।

वक्री शुक्र दशम भाव में-

दशम भाव में वक्री जातक को धनवान व वैभवशाली बनाता है। इनका विवाह अच्छे कुल में होता है, लोग इनको आदरणीय व पूज्य मानते हैं। ऐसे व्यक्ति मातृपक्ष से प्रेमपूर्ण व्यवहार नहीं रखते तथा किसी प्रकार की मदद से इनकार कर देते हैं। वक्री काल में इनको पद, मान-प्रतिष्ठा एवं वैभव की प्राप्ति होती है। यदि शुक्र, वृष, तुला और मीन राशि में हो तो बहुत अच्छा फल मिलता है। जन्मस्थ चन्द्र से शुभ योग करके बैठा हो तो बहुत अच्छा आर्थिक एवं कौटुंबिक सुख मिलता है। जातक नीतिवान, कीर्तिवान एवं विजयी होता है। अभिजित नक्षत्र व मुहूर्त जिस प्रकार सर्व विजय कहा गया है उसी प्रकार से दशमस्थ शुक्र सर्वोन्नति का कारक माना गया है।

वक्री शुक्र एकादश भाव में-

लाभ भावगत वक्री शुक्र वाला जातक धन-वैभव, वाहन व नौकरों से सम्पन्न होता है। ऐसा जातक राजा, राज्य सभा में अपना विशेष प्रभाव एवं वैशिष्ट्य रखता है। ऐसा व्यक्ति अपने से निम्न स्तरीय लोगों से अच्छा व्यवहार करता है तथा दानी एवं उदार हृदय का जातक होता है।

प्राचीन शास्त्रों की ऐसी मान्यता है कि एकादश भाव में वक्री शुक्र वाले जातक को इस जन्म में उन्हीं मित्र, शुभचिन्तक, व्यापारी व पत्नी की प्राप्ति होती है जो कि पिछले जन्म में भी उसके साथ थे। एकादश शुक्र मंगल, शनि, हर्षल, या नेपच्यून से युक्त होने पर अशुभ फल देता है। रवि से शुभ योग होने पर स्त्रियों से, चन्द्र से शुभ योग हो तो चालाक लोगों (स्मगलरों) से, मंगल से शुभ योग होने पर अचानक प्रेम-प्रसंग से, बुध से हो तो व्यापारी मित्रों से, गुरु से होने पर अपने से बड़ी उम्र के लोगों से अच्छा लाभ होता है। शनि से वक्री शुक्र का योग कोर्ट केस या शोकमय वातावरण पैदा करता है।

वक्री शुक्र (व्यय द्वादश) भाव में-

द्वादश भाव में वक्री शुक्र अधिक खर्च कराता है। ऐसा जातक धन इकट्ठा करने के मामले में असफल रहता है। शरीर में पित्त-कफ की मात्रा अधिक तथा

नेत्र-पीड़ा की शिकायत भी रहती है। ऐसा जातक व्यसन, रतिक्रीड़ा, सिनेमा, यात्रा एवं शौक-मौज के व्यवहार को लेकर प्रतिदिन पैसा खर्च करता है। दयालुता, सत्य भाषण एवं सच्चरित्रता जातक को स्पर्श तक नहीं करती। ऐसा जातक कई बार विवाहिता स्त्री को छोड़कर रखैल के साथ रहने लग जाता है। यदि शुक्र पर शनि की अशुभ दृष्टि हो तो पत्नी की अकाल मृत्यु, प्रेमिका से धोखा एवं मध्यम में विरह-वेदना भोगनी पड़ती है। द्वादश शुक्र यदि पाप पीड़ित हो तो ठगों एवं चालाक लोगों द्वारा नुकसान होता है। द्वादश स्थान में वक्री शुक्र दो विवाह कराता है। फिर भी पत्नी से उसको पूर्ण सुख नहीं मिलता, सदैव कलह होता रहता है। यदि मेष, सिंह व धनु राशि में शुक्र हो तो पत्नी झगड़ालू स्वभाव की होती है। मकर व कुंभ लग्नों में शुक्र राजयोग कारक होता है फलतः वक्री काल में सफलता, राजकार्य में सफलता एवं कोर्ट-कचहरी में विजय मिलती है।

चिन्तनिका-8

वक्री मंगल

जब मंगल वक्री होता है तो शारीरिक शक्ति एवं आंतरिक ताकत दोनों ही समाप्तप्राय हो जाती हैं। वक्री मंगल से प्रभावित व्यक्ति शीघ्र क्रोधी, चिड़चिड़ा, वहमी, भड़काऊ भाषण देने वाला, शीघ्र लड़ने-झगड़ने वाला हो जाता है। जब तक कोई विशेष दबाव या कार्य की अत्यधिक आवश्यकता न हो तो वक्री मंगल वाला व्यक्ति कार्य में शीघ्र प्रवृत्त नहीं होता। कार्य में प्रवृत्त होने के बाद यह उसे शीघ्रता से पूरा करता है तथा कार्य पूरा सम्पन्न किये बिना इन्हें चैन भी नहीं होता।

यह स्पष्ट देखा गया है कि मंगल के वक्री होने पर व्यक्ति निष्क्रिय हो जाता है तथा इस कारण जो कार्य या योजनाएं उसके हाथ में होती है अधूरी ही रह जाती हैं। प्राय: यह देखा गया है कि वक्री मंगल वाले जातक वैज्ञानिक, डॉक्टर या रहस्यमय विद्याओं के जानकार होते हैं अथवा वे ऐसे कार्यों में लगे होते हैं जिनमें शारीरिक शक्ति का कम-से-कम उपयोग होता है। ऐसे व्यक्ति अच्छे योजक, नेता, प्लानर एवं प्रबंधक होते हैं।

वक्री मंगल वाले मजदूर कार्य के बनिस्बत 'हड़ताल' पर रहने में ज्यादा रुचि रखते हैं तथा इनकी मानसिक वृत्ति निश्चित समय एवं कार्य से अधिक कुछ भी करने की नहीं होती। ज्यादा शारीरिक श्रम इनको एक प्रकार से मानसिक पीड़ा पहुंचाता है। वक्री मंगल काल में जो भाव या स्थान मंगल से प्रभावित होता है उसका फल जातक को मिलता-मिलता-सा रह जाता है।

मंगल वक्री प्रथम भाव में-

वक्री मंगल यदि प्रथम भाव में अशुभ प्रभाव में हो तो व्यक्ति को मिथ्याभाषी, घमण्डी, भावुक एवं पूर्वाग्रही बना देता है। यह जातक को हिंसक, क्रूर, भड़कीला एवं शीघ्र बदला लेने वाला बना देता है। जातक की यह शक्ति सकारात्मक व नकारात्मक दोनों ही प्रकार के कार्य की जनक हो सकती है।

लग्नस्थ वक्री मंगल वाला जातक सिंह के समान पराक्रमी व प्रतापी होता है। यह ऐसे व्यक्तित्व को इंगित करता है जो कि विलासी एवं कामी होता है तथा प्रतिपल रतिक्रीड़ा में रत रहना चाहता है।

ऐसा व्यक्ति झगड़ालू, रक्तविकार के रोगों से पीड़ित, सबका विरोधी एवं प्रबल दुस्साहसी होता है। लग्नस्थ वक्री मंगल यदि कर्क राशि का हो तो जातक अपने परिश्रम से उन्नति करके धन प्राप्त करता है। सिंह राशि में हो तो देवयोग से धन प्राप्त होता है। लग्नस्थ मंगल यदि वृष, कन्या व मकर में हो तो जातक कंजूस (कृपण) होता है। मिथुन और तुला में होने पर जातक मिलनसार होता है। कन्या, मकर व कुम्भ में लग्नस्थ मंगल होने पर जातक का झुकाव चोरी एवं कुछ गलत कार्यों के प्रति होता है।

वक्री मंगल द्वितीय भाव में–

द्वितीयस्थ वक्री मंगल वाले जातक कृतघ्न होते हैं तथा सुन्दर वस्तुओं व स्त्रियों एवं कलाकृतियों के प्रति इनके विचार कुत्सित होते हैं। ऐसे व्यक्ति भौतिक उपलब्धियों एवं साधनों के पीछे दौड़ते हैं तथा इनमें मानवीय सद्‌गुणों की कमी होती है। ऐसे व्यक्ति धन कमाने के लिये गलत तरीकों का इस्तेमाल करते हैं।

द्वितीय भाग में मंगल की स्थिति यह बताती है कि जातक धन कमाने के मामले में सफल होता है। यह लोगों को डरा-धमकाकर, डांट-डपट से रुपया निकलवाने में सफल हो जाता है। यदि इसके साथ वक्री प्लूटो भी हो तो जातक अपराधी प्रवृत्ति के माध्यम से ही पैसा कमायेगा। ऐसा व्यक्ति सामाजिक नियम एवं मानवीय शिष्टाचारों का हमेशा उल्लंघन करते हैं। द्वितीयस्थ वक्री मंगल वाले जातक को अपनी शक्ति व बुद्धि को शुभ कार्यों में खर्च करना चाहिये और कुछ समय आध्यात्मिक व धार्मिक कार्यों के लिए भी निकालना चाहिये। ऐसे व्यक्ति प्राय: कुत्सित अन्न (अभक्ष्य भोजन) खाने वाले होते हैं। इन्हें सात्त्विक भोजन की वृति डालनी चाहिए।

वक्री मंगल तृतीय भाव में–

तृतीय भाव में वक्री मंगल वाले जातक अपने भाई-बहन एवं कुटुम्बीजनों का विरोध प्राप्त करते हैं। ऐसे व्यक्ति अनुशासनहीन होते हैं तथा किसी के भी नियन्त्रण में रहना पसन्द नहीं करते। केवल परिवार में ही नहीं ऐसे जातक स्कूल में भी सभी को परेशान व तंग करने वाले होते हैं।

ऐसे व्यक्ति शिक्षा में, धर्म में, सामाजिक कार्यों में कुछ-न-कुछ विघ्न पहुंचाने वाले व अशान्त स्वभाव के जातक होते हैं। इनकी लेखनी एवं वाणी भी दोषपूर्ण होती है। ये लोग अपने इर्द-गिर्द के वातावरण को अपनी उद्दण्डता से प्रभावित किए रहते हैं तथा भाई-बहन, कुटुम्बीजन, अध्यापक, सहपाठी एवं पड़ोसियों को परेशान करते रहते हैं। ऐसे जातक को अपनी भलाई के लिए वाणी को नियन्त्रित रखना चाहिए तथा स्वभाव में धैर्य व विनम्रता को धारण करना चाहिये।

तीसरे भाव में वक्री मंगल वाला व्यक्ति शूरवीर, पराक्रमी व हठी होता है। तथा इसको छोटे भाई का सुख कम रहता है।

वक्री मंगल चतुर्थ भाव में–

चतुर्थ भाव में वक्री मंगल वाले जातक क्रोधी, हठी व क्रूर होते हैं। इनका घरेलू वातावरण विषाक्त एवं कलहपूर्ण होता है। ऐसा व्यक्ति किसी की भी सुनता नहीं तथा करता वही है जो दिल चाहता है। चूंकि चौथे भाव का नैसर्गिक कारक ग्रह चन्द्र है, चौथे भाव में वक्री मंगल वाला जातक पिता के प्रति द्रोही, माता के प्रति क्रूर व लापरवाह स्वभाव का जातक होता है।

ऐसे जातक को घर वालों के प्रति, माता व पत्नी के प्रति स्नेहपूर्ण वातावरण बनाने का प्रयत्न करना चाहिये तभी इनका पारिवारिक जीवन सुखी हो सकता है। चौथे स्थान में वक्री मंगल वाला व्यक्ति मातृहीन, मित्रहीन, वाहन व नौकरों के सुख से हीन होता है। ऐसा जातक साहसी व दुराग्रही होता है। यदि मंगल पर पापदृष्टि हो तो जीवन में दुर्घटनाओं का भय रहता है। शुभ दृष्टि से व्यक्ति राजमान्य होता है एवं इसे भूमि-लाभ भी मिलता है।

वक्री मंगल पंचम भाव में–

पंचम भाव में वक्री मंगल जातक के (1) प्रेम-सम्बन्ध (2) संतान-सम्बन्ध (3) सुखी जीवन–इन तीन वस्तुओं को प्रभावित करता है। प्रेम के सम्बन्ध में जातक अपने जीवन साथी को केवल विषय-भोग की वस्तु मानता है। अप्राकृतिक मैथुन, बलात्कार, बच्चों के साथ गलत सैक्स प्रयोग एवं स्वयं की पत्नी या प्रेमिका के साथ भी जोर-जबरदस्ती करता है। प्रेम के मामले में ऐसा व्यक्ति आत्मनिष्ठ होता है तथा दूसरे की भावना की कद्र नहीं करता है।

संतान के सम्बन्ध में भी ऐसे जातक बच्चों के प्रति क्रूर व्यवहार वाले होते हैं। बच्चों के साथ गाली-गलौज करना एवं उनके अच्छे कार्यों को प्रोत्साहित नहीं करना इनकी सबसे बड़ी कमजोरी होती है। ऐसा व्यक्ति अपने मित्रों व सम्बन्धियों से अपने प्रेम-व्यवहार या अहसान का पूरा-पूरा प्रतिफल चाहता है। प्रतिफल न मिलने पर ऐसा जातक समाज व रिश्तेदारों के प्रति बेरुखी का व्यवहार करने लग जाता है। जीवन को सफल बनाने के लिए इन्हें प्रेम-सम्बन्धों, बच्चों व रिश्तेदारों के प्रति विनम्र व सहानुभूतिपूर्ण रवैया अपनाना चाहिये।

पंचमस्थ वक्री मंगल वाले जातक की जठराग्नि तेज होती है। इसकी प्रथम संतान जीवित नहीं रहती। इनका स्वभाव खर्चीला एवं व्यसनी होता है। मंगल यदि उच्च का स्वगृही, या ग्रहों से दृष्ट हो तो जातक को लॉटरी, सट्टेबाजी, रेस या व्यापार से लाभ होता है।

वक्री मंगल षष्ठ भाव में–

छठे भाव में वक्री मंगल स्वास्थ्य, जनसम्पर्क और व्यक्ति की कार्यशैली को प्रभावित करता है तथा बीमार होने पर ढंग से दवाई नहीं लेता व डॉक्टर की सलाह पर नहीं चलता।

जनसम्पर्क की दृष्टि से ऐसा जातक जनहित, लोकोपकार एवं लोकनिन्दा की परवाह नहीं करता। ऐसा व्यक्ति अपने सहकर्मियों व सहयोगियों तथा शुभचिन्तकों के प्रति भी ज्यादा सम्मानजनक व्यवहार नहीं करता। ऐसे जातक को संतुलित आहार, योग व व्यायाम पूर्ण जीवन जीना चाहिये तथा अपने मित्रों व शुभचिन्तकों के प्रति आदरपूर्वक व्यवहार करना चाहिये। धैर्य, शान्ति एवं गम्भीरता पूर्वक विचार से, एवं नि:स्वार्थ भाव से किया गया कार्य इनको जीवन-पथ पर आगे बढ़ाने में सहायक होगा।

छठे भाव में वक्री मंगल वाला जातक शत्रुओं को जीतने वाला, कुल में श्रेष्ठ किन्तु मातृ-पक्ष से द्रोह रखने वाला होता है। ऐसे व्यक्ति में काम करने की शक्ति बहुत होती है। इन्हें कीर्ति प्राप्त करने के पहले संघर्षमय परिस्थिति से गुजरना होता है परन्तु इन्हें हलके नौकरों से खतरा है।

वक्री मंगल सप्तम भाव में–

सप्तमस्थ वक्री मंगल जातक को अप्राकृतिक मैथुन, अनैतिक गुप्त सम्बन्धों, अनैच्छिक रतिक्रीड़ा एवं अमधुर वैवाहिक सम्बन्ध व भागीदारी की ओर ले जाता है। ऐसे व्यक्ति व्यापार या भागीदारी में धोखा खा सकते हैं तथा भागीदार या जीवन साथी को लेकर कचहरी तक जाने की नौबत आ सकती है।

ऐसे जातक को अपने जीवन में ईमानदारी, सच्चाई एवं विश्वास भाव को जागृत करना होगा। जीवन की वास्तविक सच्चाई के प्रति, पत्नी के सैक्स के प्रति अतृप्त जिज्ञासु भाव को त्यागना होगा।

सप्तम भाव में वक्री मंगल वाला जातक शत्रुओं की प्रहार व पीड़ा से बार-बार परेशान होता है। पर स्त्रीरमण में विरत होता हुआ व्यापार छोड़ देता है। इसकी स्त्री कठोर स्वभाव की व झगड़ालू होती है तथा जातक के मन के विपरीत कार्य करती है। अदालती झगड़ों में इनकी स्थावर सम्पति, जायदाद का नाश भी होता देखा गया है।

वक्री मंगल अष्टम भाव में–

ऐसे व्यक्ति के जीवन में प्राय: दु:खान्त घटनाएं घटित होती हैं। यदि मित्रता का अन्त होता है तो तर्क से, कार्य से, छुट्टी या नौकरी से त्यागपत्र देता है तो

चिड़चिड़ा स्वभाव व तुनकमिजाजी के कारण। ऐसे व्यक्ति में पूर्ण जन्म में विधवाओं के साथ धोखा, बच्चों के साथ विश्वासघात या जनता के धन का दुरुपयोग जैसा कुकृत्य अवश्य किया होता है। जिसकी वजह से इस जन्म में भी इसे बच्चों का वियोग एवं वैधव्य भोगना पड़ता है।

ऐसे जातक को मंगल का दान एवं मन्त्र-चिकित्सा करानी चाहिये तथा भौतिकता को त्यागकर शाश्वत्-सत्य की खोज में जुट जाना चाहिये। अष्टमस्थ वक्री मंगल वाले के कुटम्बी जन ही उसके शत्रु होते हैं। इन्हें विवाह से लाभ नहीं होता। मंगल यदि कर्क, वृश्चिक व मीन राशि में हो तो जातक की जल में डूबकर, मेष, सिंह व धनु राशि में हो तो आग से जलकर, वृष, कन्या, मकर आदि पृथ्वी राशि में हो तो शुभ फल अन्यथा मिथुन, तुला व कुम्भ राशि में मानसिक व्यथा के कारण मृत्यु होती है।

वक्री मंगल नवम भाव में-

ऐसा जातक अधार्मिक होते हुए भी धर्म का दिखावा करता है। ऐसा जातक खुदर्गज होता है तथा शैक्षणिक धरातल पर असफल रहता है। यदि वक्री मंगल के साथ प्लूटो भी हो तो व्यक्ति अपराध प्रवृत्ति के कारण अवश्य जेल जाता है, सजा पाता है। यदि वक्री मंगल के साथ यूरेनस या बुध हो तो जातक मानसिक रूप से विक्षिप्त होता है। ऐसे जातक को दूसरे लोगों के विचारों व धर्मों का समान रूप से आदर करना चाहिये।

नवम भावस्थ वक्री मंगल वाला व्यक्ति राज्यमान, धनी व धर्मवर्जित होता है। अध्यात्म के बारे में दुराग्रही होते हैं। इस भाव में वक्री मंगल के कारण युवक नई रोशनी एवं सुधारवादी प्रवृत्ति वाले होते हैं।

वक्री मंगल दशम भाव में-

दशम भाव में वक्री मंगल वाला जातक नौकरी के लिये दर-दर भटकता है। परन्तु पक्की व जिम्मेदारी पूर्ण नौकरी कहीं नहीं मिलती। जहां कोई इन पर विश्वास करता है वहीं पर से अपने पद व ओहदे का दुरुपयोग करने में नहीं हिचकिचाते। ऐसे जातक मिलिट्री या सेना में प्रमुख होते हैं तथा इन्हें इस पद पर बड़ा भारी सम्मान भी मिलता है परन्तु आत्मकेन्द्रित बुद्धि होने के कारण, झगड़ालू एवं क्रोधी स्वभाव के कारण अपने उच्च अधिकारियों के नजरों में जल्दी गिर जाते हैं। यदि मंगल इस भाव में मिथुन, वृश्चिक व मीन राशि का हो तो व्यक्ति बड़ा सर्जन (शल्य-चिकित्सक) बन कर धन कमाता है। इस भाव में वक्री मंगल वाले जातक को रुपया कमाने में कम किन्तु अपने बुजुर्गों या बड़े लोगों के द्वारा यश कमाने का ध्यान ज्यादा रखता है।

वक्री मंगल एकादश भाव में–

एकादश भाव में वक्री मंगल वाला जातक, अपने से नीचे व निम्नस्तरीय लोगों में उठ-बैठ ज्यादा रखता है। वक्री मंगल यदि मीन राशिगत हो तो जातक को मित्र वर्ग अच्छे मिलते हैं। ऐसे जातक को नैतिक मूल्यों की स्थापना करनी चाहिये। वक्री मंगल वाले जातक को अपने अनुचरों एवं नौकरों के रचनात्मक काम करना चाहिये। ऐसे जातक के मित्र विश्वस्त नहीं होते। ऐसे जातक आत्म संयमी भी नहीं होते । ऐसा जातक काम बहुत करता है पर मित्रों से दगा खाता है।

वक्री मंगल द्वादश भाव में–

कुण्डली का द्वादश भाव, छठे स्थान के बिलकुल सामने होता है। यहां पर बैठा वक्री मंगल यह बताता है कि जातक अपने स्वास्थ्य के प्रति स्वयं ही सबसे बड़ा शत्रु होता है।

ऐसा जातक खाने-पीने में परहेज नहीं बरतता तथा शरीर से श्रम ज्यादा लेता है।

इस भाव में वक्री मंगल के कारण कई बार व्यक्ति जीवन की चुनौतियों का सामना करते हुए घबरा जाते हैं। ऐसे व्यक्ति अपने अनुभव व ज्ञान का उपयोग दूसरों के लिये नहीं करते। ऐसे व्यक्ति अन्दर-ही-अन्दर टूटे हुए होते हैं। ऐसे जातक यदि नि:स्वार्थ भाव से बिना किसी फल की इच्छा के, दूसरे की सेवा करने लग जाएं तो इनकी सारी कमियां, सारे दु:ख दूर हो सकते हैं।

द्वादशस्थ वक्री मंगल धन हानि करता है तथा शस्त्र से भारी चोट भी पहुंचाता है। यदि मंगल अशुभ प्रभाव में हो, तो व्यक्ति साहसी होने के साथ-साथ पागल होता है तथा कारागृह में वास करता है तथा कई बार राजद्रोही प्रवृत्ति के कारण सजा भी पाता है।

चिन्तनिका-9

वक्री बृहस्पति

वक्री गुरु वाले जातक उस कार्य में प्रायः सफलता प्राप्त कर जाते हैं जिसमें दूसरे लोग असफल रहते हैं। वे उस जगह से कार्य को शुरू करते हैं जहां से अन्य लोग हताश व निराश होकर कार्य को बन्द कर देते हैं अर्थात् वक्री बृहस्पति वाले जातक में कार्य करने की अद्‌भुत क्षमता व शैली होती है। ऐसे व्यक्ति असफल हुई योजनाएं, बन्द प्लान्ट एवं फैक्ट्रियों को नये सिरे से गति देकर शुरू कर देते हैं। ऐसे व्यक्ति समय एवं मौके का पूरा लाभ उठाने में कभी नहीं चूकते।

जहां अन्य विशेषज्ञ या कार्यकर्ता किसी प्लान, कार्य या व्यापार में नुकसान की सम्भावना रखते हैं वहां ये अपनी दक्षता से लाभ उठाने में सफल हो जाते हैं। संक्षेप में ऐसे लोग धूल से भी सोना प्राप्त करने में दक्ष होते हैं तथा ऐसी वस्तुयें जिन्हें लोग निकम्मी या बेकार समझकर फेंक देते हैं, उनका भी उपयोग कर लेने से ये नहीं चूकते।

वक्री गुरु वाले जातक दूरदर्शी होते हैं, उन्हें बहुत दूर की सुझाई देती है। ये लोग जल्दबाजी में विश्वास नहीं रखते तथा धैर्य व गम्भीरता से कार्य की पकड़ को समझ कर, धीरे-धीरे बाजी मार ले जाते हैं। अवसर किसी के दरवाजे पर दुबारा दस्तक नहीं करता—इस बात को भली-भाँति हृदयंगम करने वाले ये लोग अवसर को हाथ से नहीं जाने देते।

वक्री-बृहस्पति प्रथम भाव में—

बृहस्पति प्रथम भाव में वक्री होने पर व्यक्ति किसी के प्रति सही न्याय करने में असमर्थ होता है। ऐसे व्यक्ति में ईमानदारी व समझ की कमी रहती है। कई बार दूसरों को पहचानने व समझने में गलती कर जाते हैं। ऐसे व्यक्ति को अपनी प्रतिभा व आत्म-शक्ति बढ़ाना चाहिये।

लग्नस्थ वक्री गुरु वाला जातक राजपूज्य व विद्वान होता है। वह सुन्दर व निरोग होता है। लोग इसका आदर मान करते हैं तथा सुन्दर भोजन के लिये मनुहार करते हैं।

वक्री बृहस्पति द्वितीय भाव में-

वक्री गुरु द्वितीय भाव में यह बताता है कि जातक रुपयों के सही उपयोग एवं उसके खर्च के मामले में लापरवाह रहता है। ऐसे जातक को वंश-परम्परागत सम्पत्ति की प्राप्ति होती है, इनका भाग्य सुन्दर होता है। खुद की कमायी हुई सम्पत्ति न होने के कारण जातक इस सम्पत्ति को उतना महत्त्व नहीं देता।

यदि वक्री गुरु के साथ शुक्र भी बैठा हो तो व्यक्ति गहनों व घर की सजावट पर अनाप-शनाप रुपया खर्च करता है। ऐसे जातक को रुपयों का सही मूल्यांकन करना सीखना चाहिये। वक्री गुरु वाला जातक बोलने में कुशल, वाक्‌पटु, दानी पर उदार होता है। इसको कुटुम्ब के व्यक्तियों व पत्नी से अच्छा सुख मिलता है। फिर भी सम्पत्ति व जायदाद के मामले में इन्हें गम्भीरता पूर्वक विचार करना चाहिये।

वक्री बृहस्पति तृतीय भाव में-

यहां पर गुरु उच्च शिक्षा, धर्म व न्याय का प्रतिनिधित्व करता है। यदि यहां पर बृहस्पति वक्री है तो यह बताता है कि जातक अपने अध्ययन-अध्यापन व शिक्षा के क्षेत्र में लापरवाह रहा। ऐसे ज्यादा धार्मिक कृत्यों-संस्कारों व त्यौहारों के प्रति भी उदासीन रहते हैं। इसलिए नहीं कि उनसे बौद्धिक या तार्किक विरोध है अपितु इसलिए कि वह उनके प्रति जागरूक नहीं हैं। ऐसे जातक में निर्णयात्मक शक्ति की न्यूनता रहती है तथा किसी भी वस्तु के प्रति सही न्याय नहीं कर पाते। इनमें पूर्वाग्रह की अधिकता रहती है। भाई-बहनों व अन्य रिश्तेदारों के प्रति इनका व्यवहार ज्यादा बुद्धिमता पूर्ण नहीं रहता। ऐसे जातक में अहम् की भावना कुछ ज्यादा ही रहती है। ऐसे जातक को अपनी अहम् वृत्ति पर अंकुश लगाना चाहिये।

वक्री गुरु वाला जातक अपने मित्रों के प्रति कृतघ्न होता है। ऐसा व्यक्ति कुछ कंजूस भी होता है। इनको लेखन से लाभ होता है।

वक्री बृहस्पति चतुर्थ भाव में-

चौथे भाव में बृहस्पति वक्री होने पर जातक में अहंकार व घमण्ड की मात्रा बढ़ा देता है। ऐसा व्यक्ति अनुदार, असामाजिक एवं अव्यावहारिक हो जाता है। एक पक्षीय विचार, पूर्वाग्रह एवं आत्मतुष्टि के कारण जातक अपने रिश्तेदारों एवं मिलने-जुलने वालों में अच्छा प्रभाव नहीं रखता। ऐसे व्यक्ति अपने विचारों को दूसरों पर लादने की चेष्टा करते हैं तथा दूसरे पक्ष के विचारों को गौर से नहीं सुनते न ही उन्हें महत्त्व देते हैं। इस प्रकार से ये मानसिक रूप से अतिबुद्धिवादी जातक होते हैं। ऐसे जातक को अधैर्य व पूर्वाग्रह छोड़कर अपना व्यवहार समाज के प्रति बदलना चाहिये। ऐसा करने से शत्रु भी इसके मित्र हो जायेंगे।

वक्री गुरु के कारण जातक को उत्तम वाहन सुख एवं पूर्वजों को धन मिलता है। गुरु बलवान हो तो पिता की स्थिति अच्छी होती है तथा पैतृक सम्पति मिलती है।

वक्री बृहस्पति पंचम भाव में–

इस स्थान में वक्री गुरु यह बताता है कि जातक को अपने बच्चों के प्रति ज्यादा लगाव नहीं होता तथा अच्छे माता-पिता के कर्तव्य को नहीं निभा पाते। ऐसे जातक अपनी पत्नी को भी शारीरिक सुख व उपभोग का साधन मानते हैं तथा दूसरी स्त्रियों में रतिक्रीड़ा के सुख को ढूंढ़ते हुए गुप्तरोग व गुप्त बीमारियों से ग्रसित हो जाते हैं। यहां पर बृहस्पति किस राशि में है—इस पर विचार करना अनिवार्य है। अशुभ स्थिति में व्यक्ति सटोरिया, जुआरी, शराबी होकर अन्य बुरी आदतों से ग्रसित हो जाता है। ऐसे जातक को बच्चों के प्रति, पत्नी के प्रति एवं विपरीत लिंगियों के प्रति व्यवहार करते हुए सहानुभूति एवं प्रेम पूर्वक व्यवहार रखना चाहिये। किस जगह पर क्या काम करने जा रहे हो, इस पर भी एक बार विचार कर लेना चाहिये।

ज्योतिष शास्त्र के विद्यार्थियों को इस बात का ध्यान रखना चाहिये कि पंचमस्थ गुरु विफल होता है। यह जातक के संतान-सुख में बाधक होता है। यहां पर गुरु कुम्भ या कर्क राशि में हो तो संतति नहीं होती । मीन में हो तो थोड़ी संतति होती है। धनु में हो तो कष्ट से संतति होती है। पंचमस्थ गुरु वाला व्यक्ति अपने वर्ग का मुखिया, धनी व सरकारी क्षेत्र में प्रभावशाली व्यक्ति होता है।

वक्री बृहस्पति षष्ठ भाव में–

छठे भाव में वक्री बृहस्पति यह बताता है कि जातक अपने स्वास्थ्य के प्रति लापरवाह है। शरीर इनका हृष्ट-पुष्ट होते हुए भी इन्हें ब्लडप्रेशर, डाइबिटीज, शारीरिक थकावट, लीवर व पाचनतन्त्र में कमजोरी जैसी बीमारियां सम्भव हैं। फिंर भी ये लोग आहार पर नियंत्रण नहीं रख पाते एवं रोगी होने पर भी दवाइयों व डॉक्टरों के प्रति लापरवाह रहते हैं।

ऐसे जातक अपनी नौकरी, जन समस्याओं एवं जन सम्पर्क के प्रति भी ज्यादा उदासीन ही रहते हैं। ऐसे व्यक्ति अपने अधीनस्थ कर्मचारी व सहयोगियों के प्रति उदासीन रहते हैं एवं अपने जाति बन्धु, सामाजिक मित्रों के प्रति, सामान्य शिष्टाचार व कर्तव्य का पालन नहीं करते । ऐसे जातक को सामाजिक व्यवहार के प्रति जागरूक, स्वास्थ्य के प्रति सावधान तथा जन समस्याओं व लोक व्यवहार के प्रति स्निग्ध व रुचिपूर्ण व्यवहार रखना चाहिए।

जन्म लग्न से छठे स्थान में वक्री, बृहस्पति वाला जातक बलवान शत्रु को भी

पछाड़ने में सक्षम होता है। ऐसे जातक के शत्रु अवश्य होते हैं। यह गुरु स्वतन्त्र व्यवसाय के अपेक्षा नौकरी से लाभ देता है तथा स्वास्थ्य विभाग में नौकरी ज्यादा अनुकूल रहती है।

वक्री बृहस्पति सप्तम भाव में–

सप्तम भाव में बृहस्पति वक्री यह बताता है कि जातक अपने जीवनसाथी व भागीदार के प्रति ज्यादा विश्वस्त व श्रद्धावान् नहीं है। ऐसा जातक आत्मकेन्द्रित होता है तथा अपने व्यक्तिगत सुख, आनन्द व लाभ के लिए जीवनसाथी की, भागीदार की परवाह नहीं करता। ऐसे जातक कुछ कंजूस वृत्ति वाले होते हैं तथा धनप्राप्ति व दहेज के लिए शादी करते हैं। ऐसे व्यक्ति दूसरों से ज्यादा अपेक्षा रखते हैं तथा स्वयं के अधिकारों पर ज्यादा एवं कर्तव्य के प्रति बहुत कम सोचते हैं।

ऐसे जातक को ईमानदारी, कर्तव्य-निर्वाह एवं उदार मनोवृत्ति का पालन करना चाहिए तभी इनका जीवन सुखी व सम्पन्न हो सकता है।

सप्तमस्थ वक्री गुरु वाला व्यक्ति विवाह के बाद शीघ्र उच्चपद को प्राप्त करता है। इनका जीवनसाथी उच्चकुल का, धनवान, परोपकारी व सुखी होता है। मेष, सिंह, मिथुन का धनु राशि वाला गुरु उच्च शिक्षा के लिए श्रेष्ठ है। कुम्भ का गुरु हो तो पुत्र-संतान के लिए चिन्ता होती है। वृष, कन्या, कर्क, वृश्चिक या मीन राशि का गुरु व्यक्ति को महत्त्वाकांक्षी बना डालता है तथा सांसारिक सुखों के लिए संघर्ष कराता है। तुला या मकर का गुरु 'द्विभार्यायोग' कराता है तथा जातक अन्य स्त्री से शारीरिक सम्पर्क रखता है।

वक्री बृहस्पति अष्टम भाव में–

अष्टमस्थ वक्री गुरु व्यक्ति को जादू-टोने, काले जादू व तन्त्र की रहस्यमय दुनिया में ले जाता है जहां पर तर्क-विवाद व अश्रद्धा को कोई स्थान नहीं होता। ऐसे व्यक्ति के जीवन की प्रत्येक घटना, चाहे वह नौकरी हो, चाहे मित्रता, चाहे कारोबार हो, चाहे मन्त्रसिद्धि हो, अन्त दु:खद होता है क्योंकि वह अपने कार्य के प्रति इतना ईमानदार, वफादार व सच्चा नहीं होता, जिसकी आवश्यकता होती है।

ऐसे व्यक्ति को दुर्घटना से या आकस्मिक घटना से अचानक मृत्यु का भय रहता है। दूसरों की अमानत व धरोहर के प्रति भी ये लोग निष्ठावान नहीं होते।

ऐसे व्यक्ति को अपने व्यवहार में निष्ठा लानी चाहिये तथा जिस कार्य को भी करे उसे पूर्ण निष्ठा, ईमानदारी व सच्चाई के साथ करना चाहिये।

अष्टमस्थ गुरु वक्री होकर शुभ ग्रहों से युत व दृष्ट हो तो वसीयत में धन मिलता है। ऐसा जातक बड़ा ज्योतिषी, मन्त्र शास्त्रज्ञ, विद्वान व धनवान होता है परन्तु यदि बृहस्पति अशुभ व दीनबली हो तो, पिता की स्म्पति से वंचित होकर जातक

को राज-दण्ड भी मिलता है।

वक्री बृहस्पति नवम भाव में-

ऐसे जातक धर्मभीरु एवं धर्मान्ध होते हैं एवं कर्मकाण्ड व अनुष्ठानों में भारी विश्वास रखते हैं। अपनी व्यक्तिगत मान्यताओं के विरुद्ध वे एक शब्द भी सुनना पसंद नहीं करते। ऐसे व्यक्ति आत्मकेन्द्रित होकर आत्म-उन्नति में विश्वास रखते हैं। ऐसे व्यक्ति सार्वजनिक धार्मिक कार्यों, चैरिटी, सामाजिक एवं जातिगत कार्यों में तभी रुचि लेंगे जब इसका कुछ व्यक्तिगत लाभ उन्हें मिलने वाला हो।

ऐसे व्यक्ति को कट्टरता त्यागकर सर्व धर्मों के समान सुधारवादी विचारों को आदर देना चाहिये तथा ज्ञान के प्रति जागरूक सभी दार्शनिकों, विद्वानों को सम्मान देना सीखना चाहिये।

भारतीय ज्योतिष ग्रन्थों के अनुसार **'चतुर्भूमिकं तद्गृहं'** नवमस्थ वक्री गुरु वाला व्यक्ति चारखण्डी (चारमंजिल) वाली हवेली का स्वामी होता है। राजा तथा राजमान्य उच्च वर्ग के लोगों से इनका घनिष्ट सम्पर्क होता है। ऐसे व्यक्ति को अन्तर दृष्टि एवं भविष्य के बारे में अभ्यास करने पर शीघ्र सफलता मिलती है।

वक्री बृहस्पति दशम भाव में-

दशमस्थ वक्री बृहस्पति पुनः यह बताता है कि जातक की विभिन्न विरोधी गतिविधियां ही जातक के व्यक्तिगत विकास में बाधक हैं। गैर जिम्मेदारी पूर्ण हरकतें, कमजोर निर्णय-शक्ति, बेईमानी एवं कर्तव्यविमुखता जातक को उसके अपने रिश्तेदारों, बड़े-बूढ़ों की नजरों में गिरा देती है। यदि ऐसे लोग सरकारी कर्मचारी हैं तो रिश्वत लेते हुए, बेईमानी करते हुए, शीघ्र ही पकड़े जाते हैं तथा उच्च पदस्थ अधिकारियों से सजा पाते हैं।

ऐसे जातक को अपने व्यवहार में चरित्रता लानी चाहिये तथा अपने कर्तव्य, कानून व आदेशों के प्रति वफादार रहना चाहिये जिससे इन्हें समाज में पुनः प्रतिष्ठा, सम्मान, रुपया-पैसा व इज्जत मिलेगी।

दशमभावस्थ वक्री गुरु वाले जातक का प्रताप अपने बाप-दादा आदि से अधिक होता है। ऐसा जातक प्रायः अत्यन्त धनी व राजा को प्यारा होता है तथा आधिकारिक पद को प्राप्त करता है। यह गुरु, कर्क, मकर, मीन और धनु में अच्छा होता है। तथा मेष, सिंह, वृष, तुला, कुम्भ व वृश्चिक में मध्यम फलदाई होता है।

वक्री बृहस्पति एकादश भाव में-

ऐसे जातक अपने से निम्न स्तरीय लोगों के मध्य उठते-बैठते हैं। निम्न वर्ग, मजदूर वर्ग, ओछी बुद्धि, कम पढ़े-लिखे, शराबी व व्यसनी लोगों में इनका

आना-जाना इसलिए होता है कि ये खुद अच्छे परिवार में जन्म लेकर भी हीन भावनाओं से ग्रसित होते हैं। अन्धों में काने राजा की भाँति ये लोग भी निम्न वर्ग के मध्य आदर पाते हैं। गलत व्यसनों में उलझकर नैतिक पतन की ओर उन्मुख हुए ऐसे लोग समाज के विद्रोही बन जाते हैं।

ऐसे लोगों को अच्छे व प्रतिष्ठित लोगों के प्रति अपनी बैठक रखने का अभ्यास करना चाहिये। अपने कुल की मर्यादा एवं जातिगत गौरव के अनुसार आचरण करना चाहिये।

एकादशस्थ वक्री गुरु के कारण जातक निरन्तर आगे बढ़ना चाहता है। समरांगण में शत्रु को एवं शास्त्रार्थ में प्रतिपक्ष को शीघ्र ही परास्त करने में सक्षम होता है। इनके प्रथम संतान के बाद एवं पुत्र जन्मोत्सव के बाद इनका तत्काल भाग्योदय होता देखा गया है।

वक्री बृहस्पति द्वादश भाव में–

द्वादश स्थान में वक्री गुरु बताता है कि जातक अवसरों व मौकों का फायदा उठाने में कई बार चूक जाता है तथा बाद में पछताता है। इनकी बौद्धिक क्षमता व शारीरिक श्रम का प्रयोग अकसर फालतू कार्यों में होता है। ऐसे जातक अपनी आध्यात्मिक शक्ति, प्रतिभा एवं सदगुणों को अपने स्वयं की कमजोरी के कारण नहीं चमका पाते। ऐसे जातक को अपना सामाजिक स्तर ऊंचा उठाने के लिए तीव्रग्राही बुद्धि एवं निर्णयात्मक शक्ति का उपयोग करना चाहिये।

ऐसे व्यक्ति का पैसा अधिकतर शुभ कार्यों में खर्च होता है। इनके गुप्त शत्रु बहुत होते हैं तथा इनके प्रत्येक कार्य में बदनामी जरूर होती है। द्वादशस्थान का सम्बन्ध, परोपकार, विश्वप्रेम व मोक्ष से है। इन्हें परोपकार, धर्म, मोक्ष, लाभ के लिए बड़े-बड़े दान करने की प्रवृति होती है। निर्जल स्थान में प्याऊ, निर्जन स्थान में धर्मशाला तथा आश्रयहीनों को आश्रय देने में इन्हें आनन्द मिलता है।

चिन्तनिका-10

वक्री शनि

वक्री शनि होने पर व्यक्ति को अपनी महत्त्वाकांक्षाओं एवं असीमित इच्छाओं पर अंकुश लगाना चाहिये। क्योंकि, शनि के वक्री काल में व्यक्ति असुरक्षित, अन्तर्गतिरोध, असंतोष, अशान्ति एवं अनात्मीयता का अनुभव करता है। ऐसे में उसके आत्मविश्वास में कमी आ जाती है तथा अपने शंकालु व शकी स्वभाव के कारण, आत्मीय बन्धुओं व सच्चे मित्रों को भी अपना शत्रु बना लेता है। इस काल में व्यक्ति प्राय: आत्मकेन्द्रित होकर स्वार्थी बन जाता है।

जन्मस्थ वक्री शनि वाले जातक भाग्यवादी होते हैं तथा ऐसा मानते हैं कि उनके प्रत्येक क्रिया-कलापों, किसी अदृश्य शक्ति से प्रभावित होते हैं। वे एकान्तवादी होकर अपने सहयोगियों, साथियों, मित्रों व रिश्तेदारों से किनारा कर जाते हैं एवं अपनी जिम्मेदारियों के प्रति लापरवाह रहते हैं। ऐसे व्यक्ति ऊपर से साहसी, सिद्धान्तवादी एवं कठोर अनुशासन प्रिय होने का दम भरते हैं परन्तु भीतर खोखले, डरपोक व लचीले स्वभाव के होते हैं। परिस्थितियों के परिवर्तन का प्रभाव इन पर बहुत ज्यादा पड़ता है।

ऐसे व्यक्ति सभी कुछ जानने का दावा करते हैं परन्तु हकीकत में अपने-आपको पहचानने में असमर्थ रहते हैं। ऐसे जातक दूसरे व्यक्तियों के सद्‌गुणों से प्राय: अनभिज्ञ रहते हैं। ये सब कुछ करना चाहते हैं परन्तु कुछ भी नहीं कर पाते। ऐसे व्यक्ति जनसर्म्पक से घबराते हैं तथा प्राय: दोहरे व्यक्तित्व का निर्वाह करते हैं। ऐसे लोग शारीरिक श्रम, ठोस कार्यवाही एवं जीवन के व्यावहारिक पक्ष पर कम किन्तु आध्यात्मिक पक्ष पर ज्यादा सफल होते हैं।

वक्री शनि प्रथम भाव में-

प्रथम भाव में वक्री शनि होने पर व्यक्ति समझौते व सुधारवादी समन्वयात्मक विचारों को मान्यता नहीं देता। ऐसे व्यक्ति खुद के विचारों एवं अहम् को हर जगह बलपूर्वक स्थापित करना चाहते हैं। ऐसे जातक में कुछ प्रमुख चारित्रिक विशेषताओं के साथ कार्य करने की अद्‌भुत रचनात्मक शैली भी होती है।

ऐसे व्यक्ति अपनी जिद्द, हठ, एवं अहम् भाव का परित्याग करके बहुत अच्छे

इनसान बन सकते हैं। इन्हें अपनी अतिबुद्धिवादिता, अति गम्भीरता, अत्यधिक आग्रह की शैली पर अंकुश लगाकर व्यावहारिक जीवन में संतुलन बनाये रखने का प्रयत्न करना चाहिये।

लग्नस्थ वक्री शनि जातक को कुटिल एवं धनवान बनाता है। ऐसा व्यक्ति राजनीति का खिलाड़ी एवं कूटनीति का धुरन्धर विद्वान् होता है। यदि यह शनि धनु-मीन-मकर-कुम्भ का तुला राशि में हो तो व्यक्ति राजा, राजातुल्य वैभव या गांव का मुखिया होता है। शनि यदि शुभ ग्रहों से युत व दृष्ट हो तो जातक का अपनी दशा में भाग्योदय कराता है। ऐसा जातक ज्यादा संघर्ष में शुद्ध स्वर्ण की तरह निखर कर सामने आता है। अशुभ योग में जातक डरपोक, व कार्यों से दूर रहने वाला, एकान्तवासी, निराश एवं हताश वृत्ति वाला हो जाता है।

वक्री शनि द्वितीय भाव में–

द्वितीय रूप वक्री शनि वाला जातक शारीरिक सुरक्षा एवं भौतिक साधनों को प्राप्त करने हेतु दीवानों की तरह भागता है। पैसे खर्च करते समय यह ज्यादा बुद्धिमत्ता, तर्क या विवेक से काम नहीं लेता। ऐसे जातक को जीवन में भौतिक सुखों को प्राप्त करने हेतु ज्यादा समय खराब नहीं करना चाहिये अपितु जीवन के वास्तविक उद्देश्य व सच्चाई को जानने की चेष्टा करनी चाहिये तथा जीवन में नैराश्य एवं अनीश्वरवादी विचारों का त्याग करना चाहिये।

धनभावस्थ वक्री शनि वाला जातक परदेश एवं विदेश में ज्यादा कमाता है। ऐसे व्यक्ति कटुभाषी होते हैं। मित्रों से मीठा बोलना तो दूर रहा, अप्रासंगिक, अनुचित तथा असह्य कर्णकटु शब्दों का भी प्रयोग कर जाते हैं। अतः ऐसे व्यक्ति को आगे बढ़ने के लिए मितभाषी होना चाहिये। ऐसे व्यक्तियों को बहुत श्रम करने पर लाभ मिलता है।

वक्री शनि तृतीय भाव में–

ऐसे जातक निःसन्देह अपने भाइयों व बहनों के प्रति पूर्ण जिम्मेदारी का पालन नहीं करते । अपने स्वयं के जीवन व चरित्र निमार्ण हेतु पढ़ाई व अन्य जरूरी कार्यों पर ध्यान नहीं देते। ऐसे लोग छोटी-सी बीमारी, जुकाम-खांसी एवं मूड खराब होने पर ज्यादा परेशान हो जाते हैं।

ऐसे व्यक्ति को अपने भाई-बहनों व कुटुम्ब-परिवार के प्रति किसी भी प्रकार की शारीरिक, आर्थिक व मानसिक बेरुखापन व्यवहार में नहीं लाना चाहिए। किसी भी कार्य के प्रति अपनी जिम्मेदारी का निर्वाह निष्ठापूर्वक कराना चाहिए।

तृतीय भावस्थ वक्री शनि वाला जातक अटूट परिश्रम करने पर भी अशान्त रहता है। ऐसा जातक परम प्रतापी होता है तथा गूढ़ शास्त्रों, ज्योतिष, आयुर्वेद इत्यादि

का ज्ञाता होता है। परन्तु अशुभ योग होने पर आपत्तियों द्वारा बहुत नुकसान उठाता है। इस स्थान में पुरुषराशि का शनि भाइयों के लिए अशुभ होता है। कन्या एवं तुला राशि का तृतीयरूप शनि आर्थिक कष्ट देता है।

वक्री शनि चतुर्थ भाव में-

वक्री शनि चतुर्थ भाव में जातक को अतिभावुक एवं मकान, घर व नौकर-चाकर के प्रति लापरवाह बना डालता है। दूसरे लोगों पर इसके व्यापार का क्या प्रभाव पड़ता है-इसकी चिन्ता वक्री शनि वाले जातक नहीं करते। ऐसे जातक धुन में जिस काम के पीछे लग जाते हैं उसमें जुड़े ही रहते हैं तथा घर-गृहस्थी के कार्यों के प्रति अपनी जिम्मेदारी नहीं निभा पाते। ऐसे लोगों की भावुक वृत्ति का अन्य लोग दुरुपयोग कर लेते हैं।

ऐसे जातक को अपनी जिम्मेदारियों के प्रति सतर्क व सावधान रहना चाहिये तथा दूसरे लोगों को स्वयं की कमजोरियों का लाभ नहीं उठाने देना चाहिए।

प्राय: चतुर्थ भाव में वक्री शनि जातक को गृहहीन व मातृहीन बना डालता है एवं विमाता (सौतेली मां) से पीड़ित होता है। यह शनि यदि मकर, कुम्भ या तुला राशि में है तो जातक की पूर्वार्जित इस्टेट(जायदाद) मिलती है एवं जीवन का उत्तरार्ध ज्यादा सुखी व सफल होता है। यदि यहां पर शनि निर्बल होकर पापपीड़ित हो तो जातक संन्यासी बन जाता है।

वक्री शनि पंचम भाव में-

पंचमस्थ वक्री शनि जातक को बच्चों के प्रति लापरवाह बना डालता है। ऐसा जातक ज्यादा बच्चे पैदा करता है तथा उनके भरण-पोषण, शिक्षा, सफाई एवं चरित्र-निमार्ण की तरफ समुचित ध्यान नहीं देता। प्रेम के मामले में ये स्वार्थी होते हैं तथा अपनी पत्नी किंवा प्रेमिका को अपने शारीरिक तुष्टि एवं काम वासना की शान्ति का उपकरण के रूप में इस्तेमाल करते हैं। इनके इस व्यवहार से इन्हें समाज में उचित आदर नहीं मिल पाता क्योंकि इनमें रचनात्मक एवं सृजनात्मक शक्ति की कमी रहती है। ऐसे लोग चाहकर भी अपने स्वयं का व अपने परिवार का भला नहीं कर पाते ।

ऐसे जातक की सन्तान, पत्नी एवं अपने स्वयं के उन्नति के हित में अपनी गैर जिम्मेदाराना हरकतों पर अंकुश लगाना होगा तथा ज्यादा-से-ज्यादा समय, स्नेह व प्रेमपूर्ण व्यवहार, बच्चों, पत्नी एवं सामाजिक उत्तरदायित्व के प्रति देना होगा।

वक्री शनि षष्ठ भाव में-

वक्री शनि छठे भाव में यह बताता है कि जातक जनहित के कार्यों के प्रति

उदासीन रहता है। ऐसे व्यक्ति सामाजिक क्षेत्र, आर्थिक क्षेत्र, धार्मिक क्षेत्र, राजीतिक क्षेत्र एवं अन्य सभी क्षेत्रों से हटकर बचकर रहते हैं। ऐसे व्यक्ति अपने स्वयं के स्वास्थ्य के प्रति भी लापरवाह रहते हैं तथा स्वस्थ रहने के उपायों पर ध्यान नहीं देते।

ऐसे जातक को जनहित के कार्य एवं मानव मात्र की भलाई के कार्यों में रुचि लेनी चाहये तथा अपने स्वास्थ्य के बारे में जागरूक रहना चाहिए। यदि छठे भाव में वक्री शनि नीच राशिगत हो तो शत्रु भी नीच होते हैं। यदि शनि स्वगृही हो तो जातक शत्रु रहित होता है। अन्य राशियों में शनि हो तो शत्रु का नाश होता है। इस भाव में बलवान शनि जातक में यशस्वी अधिकारी के गुण होते हैं। निर्बल शनि व्यक्ति को दीर्घकालिक रोगों से अत्रस्त कर देता है।

वक्री शनि सप्तम भाव में–

वक्री शनि सातवें स्थान में होने पर जीवन के किसी भी क्षेत्र में भागीदारी लम्बी नहीं निभती। चाहे विवाह हो, चाहे व्यापारिक साझेदारी, चाहे कोई अन्य अनुबन्ध हो, वक्री शनिवाला जातक अपने दूसरे साथी के प्रति शक करने वाला, अविश्वास रखने वाला एवं उसको अपने से नीचा, हलका मानने वाला होता है तथा अपने साथी के कार्यों व खर्चों में कोई-न-कोई नुक्स निकालते रहते हैं।

ऐसे जातक को दूसरों के प्रति निष्ठा रखकर, लोगों का विश्वास अर्जित करना चाहिए। अपने जीवनसाथी एवं भागीदार की छोटी बातों पर ज्यादा ध्यान नहीं देना चाहिये तथा व्यापारिक क्रिया-कलापों में, ईमानदारी, सच्चाई के साथ जिम्मेदारी को समझते हुए उचित समय देना चाहिये।

कुछ विद्वान वक्री शनि को स्त्रीवियोग (वैधव्य) का निश्चित योग मानते हैं। यदि यह शनि द्विस्वभाव राशि में होता है तो जातक के बहुविवाह योग बनते हैं। स्त्री की कुण्डली में यह शनि किसी विधुर, आयु में काफी बड़े किन्तु सम्पन्न वर से विवाह का योग कराता है। शनि यहां पर यदि राशिबली व शुभ ग्रहों से युक्त हो तो विवाह से भाग्योदय भी कराता है।

वक्री शनि अष्टम भाव में–

ऐसे जातक बहुत बड़े विद्वान, दार्शनिक, वैदज्ञ, ज्योतिषी एवं वक्ता होते हैं परन्तु शनि की दुष्टता के कारण इन विद्याओं का गलत प्रयोग भी कर जाते हैं। ऐसे जातक विद्या के बल से गलत धारणायें, नये मत-मतान्तर, काला जादू एवं निम्न स्तरीय तान्त्रिक विद्याओं, भूत-प्रेतादि विद्याओं के प्रयोग से रुपया व यश कमाने के प्रयत्न करता है।

वक्री शनि नवम भाव में–

नवम भाव में वक्री शनि यह बताता है कि जातक अपने धन-जायदाद के प्रति हमेशा लापरवाह रहता आया है। ऐसे जातक धार्मिक एवं आर्थिक, दोनों प्रकार की समस्याओं से घिरे रहते हैं तथा दूसरों के बारे में बहुत संकुचित विचार रखते हैं। ऐसे जातक धर्मान्ध एवं पूर्वाग्रही होते हैं तथा जो लोग इनके विचारों से सहमत नहीं होते, उन्हें वे अपना शत्रु समझते हैं तथा बलपूर्वक अपने विचारों को मनवाने के लिए हठपूर्वक प्रयत्न करते रहते हैं।

ऐसे जातक को अपनी दार्शनिक, आध्यात्मिक व धार्मिक ज्ञान का दुरुपयोग नहीं करना चाहिए तथा सब धर्मों की सच्चाई, उसके दार्शनिक तत्त्व एवं उज्ज्वल पक्ष को उदारतापूर्वक स्वीकार करना चाहिए। नवम भाव में वक्री शनि होने पर जातक अधिकार पाता है तथा पुरानी इमारतों की मरम्मत आदि कराता है एवं उन्हें उपयोगी बनाता है।

वक्री शनि दशम भाव में–

दशम स्थान में वक्री शनि वाला जातक अपने अधिकार का दुरुपयोग करता है। ऐसे जातक में अतिश्रेष्ठता प्रदर्शन की विशेष ललक होती है। ऐसे जातक निरुत्साहित एवं कुछ ठंडे स्वभाव के होते हैं। यदि इस भाव में शनि, कर्क राशि का हो तो जातक अति भावुक होता है।

ऐसे जातक विशेष जिम्मेदारी से परिपूर्ण होते हुए भी अपने कर्तव्य के प्रति लापरवाह रहते हैं अतः इन्हें अपने अहम्, पद व प्रतिष्ठा के अहंकार का त्याग करके सरकारी कर्तव्य एवं अन्य नैतिक मूल्यों की रक्षा करनी चाहिये। दशमस्थ वक्री शनि जातक को गांव का मुखिया, प्रधानमन्त्री, नगर दंडनायक इत्यादि पद पर ले जाता है। यह शनि यदि मकर, कुम्भ या मिथुन में हो तो जातक के अधिकार व भाग्य के लिए उन्नतिकारक होता है। दशम भाव में बलवान शनि व्यक्ति को कानून का कीड़ा बना देता है। ऐसा व्यक्ति श्रेष्ठ वकील, न्यायाधीश, जज व बैरिस्टर होता है।

वक्री शनि एकादश भाव में–

एकादशस्थ वक्री शनि यह बतलाता है कि जातक को अपने रिश्तेदारों, सम्बन्धियों एवं मित्रों के प्रति भावाभिव्यक्ति का सही तालमेल नहीं है। ऐसे जातक अपने से निम्नवर्गीय लोगों के बीच में ज्यादा उठता-बैठता है। इन हलके व निम्न स्तरीय लोगों के मध्य भारी प्रशंसा व कीर्ति का अर्जन करता हुआ जातक अपने-आपको प्रसन्न एवं सम्मानित अनुभव करता है।

ऐसे जातक आत्म प्रशंसा, चापलूसी वगैरह के घेरे में जल्दी आ जाते हैं। ऐसे

जातक को चापलूस मित्रों से ज्यादा सावधान रहना चाहिये। लाभभाव स्थिति वक्री शनि, स्त्री व सन्तति के लिए अनुकूल नहीं होता है। यदि शनि, तुला, मकर व कुम्भ राशि में हो तो शुभ फलदायक होता है।

वक्री शनि द्वादश भाव में–

द्वादशभावस्थ वक्री शनि जातक की आन्तरिक मनोवृत्ति एवं अन्तर्मुखी प्रतिभा का द्योतक है। यह बताता है कि ऐसा जातक घुमक्कड़, आलसी एवं लापरवाह प्रवृत्ति का होता है। द्वादश भाव में वक्री शनि के कारण कई बार मनुष्य निर्दयी, निर्धन, खर्च से दुःखित, सदैव आलसी, नीच वृत्ति के लोगों की संगति में रहने वाला, अंगहीन एवं सुखहीन होता है। ऐसे व्यक्ति को शत्रु के द्वारा पराजित होने का भय बना रहता है।

यदि यहां पर मेष, मिथुन, कर्क, सिंह, वृश्चिक और धनु व मीन राशि में शनि हो तो शुभ फल मिलते हैं। वृष, कन्या, तुला, मकर और कुम्भ राशि में शनि व्यक्ति को बैरिस्टर, वकील व ऊंचे जज भी बना देता है। ऐसे जातक को अपना आध्यात्मिक जीवन बनाते हुए अन्दर की पुकार पर ज्यादा ध्यान देना चाहिए तथा पुत्र, कुटुम्ब, परिवार एवं पत्नी के प्रति अपनी जिम्मेदारी का योग्यतापूर्वक निर्वाह करते रहना चाहिये।

चिन्तनिका-11

वक्री यूरेनस

वक्री यूरेनस वाले जातक अद्‌भुत शक्ति एवं प्रतिभा के धनी होते हैं। इनमें बहुत तीव्र कल्पना शक्ति, शीघ्रग्राही बुद्धि एवं कार्य करने की शक्ति होती है। धूल भरे हुए सिक्के की तरह लोग इनकी गुणवत्ता से अपरिचित रह जाते हैं परन्तु जब कोई गुणग्राही व्यक्ति सिक्के को रासायनिक प्रकियाओं से निकालकर साफ करता है तो भीतर छिपे स्वर्ण तत्त्व को पाकर प्रफुल्लित हो जाता है, यही हाल इनका है। कोई गुणग्राही एवं मर्मज्ञ व्यक्ति ही इनकी रचनात्मक शक्ति को प्रेरित कर, इनसे लाभ उठा सकता है। मानवीय सद्‌गुणों से सम्पन्न ऐसे व्यक्ति जाति व समाज में आदर व श्रद्धा की दृष्टि से देखे जाते हैं।

वक्री यूरेनस वाले जातक में अद्‌भुत आर्कषक शक्ति होती है। प्रतिकूल परिस्थितियों एवं कठिन परीक्षा-काल में भी ये विचलित नहीं होते। जीवन के प्रति इनका दृष्टिकोण सकारात्मक व आशावादी होता है। यूरेनस मनुष्य की महत्त्वाकांक्षाओं व आध्यात्मिक क्षेत्रों को परिपुष्ट करने वाला ग्रह है। जिन कुण्डलियों में यूरेनस वक्री होता है, उस जातक के जीवन काल में तत्भावविषयक इच्छाओं की पूर्ति अवश्य होती है। ऐसे जातक सत्य के अन्वेषक एवं दार्शनिक भी होते हैं एवं अपने बुद्धिबल के द्वारा कठिन-से-कठिन समस्याओं का समाधान खोज निकालते हैं। ऐसे जातक अपने सहयोगियों, सहकर्मियों एवं साथियों के प्रति लापरवाह नहीं रहते। दयालुता, परोपकारिता, सहिष्णुता एवं सहयोग की भावना अन्य मानवीय सद्‌गुणों के साथ इनमें विशेष रूप से पाई जाती है।

वक्री यूरेनस प्रथम भाव में-

वक्री यूरेनस प्रथमभाव में होने से व्यक्ति जिद्दी, पूर्वाग्रही एवं स्वार्थी होता है। ऐसा जातक अपने खुद की उच्छंखलता एवं आनन्द की पूर्ति के लिए दूसरों को बाधा व नुकसान पहुँचाता है। केवल आत्मकेन्द्रित बुद्धि होने के कारण दूसरे लोगों के भावनाओं व जीवन के दार्शनिक तत्त्व पर ध्यान नहीं देता। ऐसा जातक अपने-आपको अपने आचरणों से, सभ्य मानव समाज से विपरीत प्राणी सिद्ध करता है।

यदि यहां पर यूरेनस वृष राशि में हो तो व्यक्ति ऐसा मानता है कि सारी दुनिया की वस्तुओं का निर्माण केवल उसके उपयोग के लिए ही हुआ है। ऐसे जातक को अपनी अनियन्त्रित इच्छाशक्ति एवं दूसरों के अधिकारों पर अतिक्रमण करने की प्रवृत्ति पर अंकुश लगाना चाहिये।

वक्री यूरेनस द्वितीय भाव में–

द्वितीयस्थ वक्री यूरेनस बताता है कि जातक उच्च श्रेणी के प्रतिष्ठित लोगों के प्रति उदासीन या ईर्ष्या भाव रखता है। जीवन के प्रत्येक क्षेत्र को अपनी अलग नजर से देखता है व मिथ्या दिखावे में ज्यादा रुचि रखता है।

ऐसे व्यक्ति को ठंडे मस्तिष्क से यह निर्णय करना चाहिये कि जीवन में किन-किन वस्तुओं व व्यवहारों का कितना महत्त्व है, और कितना नहीं। और उस हिसाब से अपने दैनिक व्यवहार में लोगों व महत्त्वपूर्ण वस्तुओं को महत्त्व देना चाहिये।

वक्री यूरेनस तृतीय भाव में–

तृतीयस्थ वक्री यूरेनस व्यक्ति में शीतल बौद्धिक क्षमता को दर्शाता है। ऐसे जातक अपने ज्ञान, शिक्षा एवं बुद्धि का उपयोग जीवन के व्यावहारिक धरातल पर कर पाने में असफल रहते हैं। ऐसे व्यक्ति का मानसिक संतुलन भी ठीक नहीं होता फलत: भाई-बहन व अन्य रिश्तेदारों के साथ भी सही व्यवहार नहीं कर पाते।

ऐसे जातक को अपनी बुद्धि व व्यवहार को संतुलित बनाये रखने के लिए अन्य बुजुर्ग लोगों एवं अनुभवी रिश्तेदारों से सलाह-मशवरा करते रहना चाहिये एवं ज्यादा-से-ज्यादा सरल एवं व्यावहारिक बनने की कोशिश करते रहना चाहिये।

वक्री यूरेनस चतुर्थ भाव में–

चतुर्थभावस्थ वक्री यूरेनस गैर जिम्मेदार एवं रहस्यमय चरित्र को प्रस्फुटित करता है। यहां पर स्थित वक्री यूरेनस असुरक्षा एवं अशान्त घरेलू एवं बाहरी वातावरण को इंगित करता है। ऐसा व्यक्ति अपने आस-पास के वातावरण को अपनी हरकतों से तनावपूर्ण एवं अशान्त बना डालता है तथा अपने को ज्यादा स्वतन्त्र व दूसरे को परतन्त्र समझता है।

ऐसे जातक को सबके प्रति नि:स्वार्थ प्रेम मार्ग अपनाना चाहिये एवं छोटे के प्रति स्नेह व बड़ों के प्रति आदर भाव को प्रदर्शित करने के शिष्टाचार पर ज्यादा ध्यान देना चाहिये।

वक्री यूरेनस पंचम भाव में–

पंचमस्थ वक्री यूरेनस व्यक्ति में अपने-आपको अतिश्रेष्ठ समझने की मानसिक विकृति से ग्रसित कर डालता है। इस जातक में इतना अहंकार भाव आ जाता है कि इससे, इसके रिश्तेदार एवं बच्चे तक प्रभावित हुए बिना नहीं रहते। ऐसा जातक गैर जिम्मेदाराना एवं बचकानी हरकतें करता रहता है।

ऐसे व्यक्ति को दूसरों के प्रति अपने व्यवहार को सुधारना चाहिये तथा अपने को सबसे ऊँचा व श्रेष्ठ दिखाने की मनोवृत्ति पर अंकुश लगा देना चाहिये।

वक्री यूरेनस षष्ठ भाव में–

छठे भाव में स्थित वक्री यूरेनस जातक के नौकरी, धंधे एवं व्यापार में एक विचित्र प्रकार की मनोवृत्ति प्रस्फुटित करता है। जातक के विचार, उसकी मानसिक वृत्ति, उसका आचरण एवं सोचने का तरीका संकुचित एव विकृत (छिद्रान्वेषक) होता है। ऐसे जातक को आशावादी विचारधारा अपनानी चाहिये एवं दूसरों में दोष ढूंढ़ने की प्रवृत्ति का त्याग कर देना चाहिये।

वक्री यूरेनस सप्तम भाव में–

सप्तमस्थ वक्री यूरेनस सुखी वैवाहिक जीवन व भागीदारी में बाधक होता है। ऐसे व्यक्ति को अपने अच्छे-बुरे का ज्ञान नहीं रहता एवं अपनी पत्नी व प्रेमिका की स्वतन्त्रता व भावनाओं की सही कद्र भी नहीं कर पाता । ऐसे व्यक्ति के निर्णय असन्तोषजनक होते हैं। वैचारिक स्वतन्त्रता, शारीरिक स्वतन्त्रता एवं त्याग के मामले में अव्यावहारिक होते हैं। यदि मंगल, शुक्र एवं बृहस्पति भी इनकी कुण्डली में अशुभ हो तो व्यक्ति अपने जीवनसाथी के साथ अजीब-सी शारीरिक हरकतें करता है। ऐसे जातक को जीवनसाथी के प्रति अपने इस व्यवहार को सुधारना चाहिए तथा अपने परिवार, अधिकार एवं कर्तव्य-बोध के समन्वय को ढंग से समझना व सोचना चाहिए।

वक्री यूरेनस अष्टम भाव में–

अष्टमस्थ वक्री यूरेनस वाले जातक का व्यवहार, चरित्र एवं व्यक्तित्व गन्दा, अटपटा एवं विचित्र-सा होता है। इनके जीवन की हर घटनाओं का अन्त दु:खद, विचित्रता लिए हुए होता है। इनके पड़ोसी भी इनसे परेशान रहते हैं तथा पड़ोसी छोड़ने पर प्रसन्न होते हैं। ऐसे व्यक्ति ऊंचे दार्शनिक, ज्योतिष, मर्मज्ञ एवं वैज्ञानिक भी होते हैं परन्तु ये अपने ज्ञान का सही उपयोग जनहित में नहीं कर पाते क्योंकि इनका विकास गलत सोहबत एवं गलत वातावरण वाले लोगों के मध्य होता है। इन्हें

अपना सामाजिक, मैत्रिक एवं व्यावसायिक वातावरण बदलना चाहिये तथा जीवन की वास्तविकता, सच्चाई एवं मानव जीचन की सार्थकता के बारे में चिन्तन करना चाहिये।

वक्री यूरेनस नवम स्थान में–

नवम स्थान में स्थित वक्री यूरेनस कानून, मर्यादा एवं सामाजिक नियमों के प्रति अवज्ञापूर्ण विचारधारा का पोषक होता है। ऐसा व्यक्ति अपने को आम आदमी से ज्यादा होशियार एवं चालाक समझता है तथा बौद्धिक धरातल पर आत्मकेन्द्रित होता है। ऐसे व्यक्ति अपने विकास एवं स्वार्थ-सिद्धि के लिए दूसरों को नुकसान पहुंचाने में जरा भी नहीं हिचकिचाते। ऐसे जातक प्रत्यक्ष प्रमाण एवं भारी तर्क-वितर्क बिना किसी चीज में विश्वास किया नहीं करते तथा स्वयं का एवं दूसरों का समय व्यर्थ की बहसबाजी में बरबाद कर डालते हैं। अक्खड़पन एवं स्वार्थपूर्ण दृष्टिकोण का त्याग करके ऐसे जातक को विनम्र एवं सरल बनने का प्रयत्न करना चाहिये।

वक्री यूरेनस दशम भाव में–

ऐसे जातक जिनका यूरेनस वक्री होकर दशमस्थ हो, एकात्म उन्नति व नौकरों में विश्वास रखते हैं, अपनी खुशी व प्रसन्नता को दूसरों में नहीं बांटते। ये अपने से बड़े एवं अनुभवी अधिकारियों को भी मूर्ख समझते हैं एवं अपने-आपमें सब कुछ जानने का दावा करते हैं। ऐसे जातक अपने से बड़े प्रतिभावान् एवं श्रेष्ठ लोगों के मध्य अपने-आपको स्थापित नहीं कर पाते। ऐसे व्यक्ति, 'मैं अमुक से क्या ले सकता हूं', यह सोचते रहते हैं। मेरे धन्धे, व्यवसाय, समाज को मैं क्या दे सकता हूं? क्या दे रहा हूं? इस पर विचार नहीं करते हैं। इन्हें जीवन में सफलता प्राप्त करने के लिए अपने दृष्टिकोण को बदलना होगा।

वक्री यूरेनस एकादश भाव में–

एकादशस्थ भाव में स्थित वक्री यूरेनस जातक को निम्न स्तरीय लोगों के मध्य रहने को बाध्य करता है। ऐसे जातक के मित्र रहस्यमय एवं अविश्वासी होते हैं। ऐसे व्यक्ति मित्रता की दृष्टि से श्रेष्ठ मित्र, समाज के पंच एवं नेतृत्व शक्ति के कारण काबिल नेता साबित हो सकते हैं। ऐसे लोग सफल ज्योतिषी एवं दार्शनिक व आलोचक के रूप में ज्यादा सशक्त रूप से उभर सकते हैं परन्तु इन्हें गलत व निम्न स्तरीय लोगों की सोहबत छोड़ देनी चाहिए।

वक्री यूरेनस द्वादश भाव में–

द्वादश स्थान में स्थित वक्री यूरेनस बताता है कि जातक अपने-आपके प्रति

सच्चा नहीं है। ऐसा जातक कहता कुछ है व करता कुछ। वक्री यूरेनस द्वादश भाव में बैठकर व्यक्ति को विदेश-यात्रा भी कराता है तथा नई खोज, नये अनुसंधान, ज्ञान व विज्ञान के क्षेत्र में अतृप्त जिज्ञासु वृत्ति को भी बढ़ाता है। ऐसा व्यक्ति या तो खर्च करता नहीं और यदि खर्च करता है तो दिल खोलकर उत्साह व दिलेरी के साथ खर्च करता है।

चिन्तनिका-12

वक्री नेपच्यून

वक्री नेपच्यून वाले जातक सद्गुणी होते हैं। ऐसे जातक शुभकर्मों के प्रति सचेष्ट व सावधान रहते हैं तथा दूसरे लोगों का भी अच्छे कार्य करने के लिए प्रेरित करते रहते हैं। ये लोग अत्यन्त विश्वासी, परोपकारी व उदार होते हैं परन्तु अति उदारता इनके लिये घातक है। ज्यादा विश्वास ही इन्हें लोगों के प्रति खट्टा अनुभव करायेगा। उन्हें मित्रता का प्रतिफल नहीं मिलता।

वक्री नेपच्यून वाले जातक आध्यात्मिक होते हैं परन्तु दान देते समय, जनता को भलाई का काम करते समय, ये लोग दिखावा ज्यादा करते हैं। ऐसे व्यक्ति तर्कवादी होते हैं तथा कई बार जनश्रुतियों, जन-मान्यताओं के विपरीत आचरण करते हुए 'विरोधाभासी' व्यक्तित्व के रूप में उभर कर समाज व जाति में अपनी अलग पहचान स्थापित करते हैं। इनमें घमण्ड या अहंकार नहीं होता तथा अपने विनम्र स्वभाव के कारण लोगों को प्रभावित कर अपनी छाप छोड़ जाते हैं।

वक्री नेपच्यून वाले जातक क्रान्तिकारी होते हैं तथा रूढ़िवादिता एवं प्राचीन परम्पराओं के विरोधी होते हैं। धार्मिक मामले में ये कट्टरवादी न होकर, सर्व धर्म समन्वय में विश्वास रखते हुए मानव-मात्र के शुभचिन्तक होते हैं। कई बार ये धार्मिक त्योहारों, कर्मकाण्डों एवं रीति-रिवाजों में बंधे हुए धर्म को देखकर चिन्तित हो उठते हैं। आधुनिक स्पष्ट विचार, शैक्षणिक अनुसंधान के साथ आदर्शवादी जीवन इनकी निजी विशेषता कही जा सकती है।

वक्री नेपच्यून प्रथम भाव में–

इस भाव वाला जातक अपने काल्पनिक मनोनय जगत में रहता आ रहा है एवं वास्तविक परिस्थितियों से संघर्ष से टलता रहता है। स्वयं को छलता है और उसके व्यवहार से अन्य पर भी ऐसा प्रभाव पड़ता रहता है। ऐसे जातक को सजग रह कर वर्तमान के प्रति अपना दायित्व निभाने में सावधान होना आवश्यक है।

वक्री नेपच्यून द्वितीय भाव में–

इस भाव वाला जातक अपने बीते जीवन में नीतिविहीन आचरण में लिप्त

माना जायेगा। कलह, कपट, षड्यन्त्र आदि आपराधिक वृत्तियों में उसके योग का संकेत स्पष्ट होता है। इस परिस्थिति में जातक आगामी मंगल हेतु अपने को नीति अनुसार अनुशासन युक्त आचरण को धारण करें तो शुभ होगा।

वक्री नेपच्यून तृतीय भाव में–

तृतीयस्थ वक्री नेपच्यून वाला जातक अपने पारिवारिक संबंधों में बहुत टालू वृत्ति का होता है। समय पड़ने पर उनके साथ कपट का व्यवहार भी कर सकने की सम्भावना वाला होता है। इतना ही नहीं, स्वयं को भी कपट के आचरण में लिप्त करता रहता है, जैसे कि परीक्षा में नकल मारने का प्रयत्न, अपना झूठा परिचय देना अथवा आधारहीन डींग हाँकना आदि। भावों का सुधार तभी होगा, जब वह सैद्धान्तिक जीवन धर्मानुसार बितायें।

वक्री नेपच्यून चतुर्थ भाव में–

इस भाव वाला जातक अपने सामाजिक जीवन में असंतुलित रहता आ रहा होता है। अपने संबंधों में वह संकुचित व रूढ़िवादी प्रकट होता है। इनके सम्पर्क में आने वाला व्यक्ति ऐसे जातक पर शीघ्र विश्वास नहीं करता है। शुभ भावी हेतु आवश्यक है कि जातक स्वयं को सत्य मार्ग का अनुगामी बनाए व प्रदर्शित करे तभी उसके व्यक्तित्व की छाप सम्पर्क में आने वालों पर पड़ेगी।

वक्री नेपच्यून पंचम भाव में–

इस भाव वाला जातक अपने भूतकाल में रसिक भी रहा होगा तो केवल भावुकता के आधार पर और वह भी क्षणिक व परिस्थितिजन्य स्थिति के अनुसार। ऐसा जातक अपनी पत्नी के प्रति लापरवाही एवं बच्चों की सही परवरिश के प्रति गैर जिम्मेदार-सा रहता है। ऐसे जातक को अपनी किंवा प्रेमिका के प्रति शुद्ध व सच्चा व्यवहार अपनाना होगा।

वक्री नेपच्यून छठे भाव में–

ऐसा व्यक्ति सेवाभाव एवं सम्पर्क, त्याग इत्यादि का अर्थ नहीं समझता। छठे भाव में वक्री नेपच्यून वाला जातक खुदगर्ज, स्वार्थी एवं संग्रह वृत्ति वाला होता है। ऐसा जातक बहुत शकी व वहमी होता है। छोटी-से-छोटी बीमारी में घबरा जाता है। दूसरे लोगों को भयंकर बीमारी से पीड़ित व तड़पता देखकर, खुद भी घबरा जाता है एवं परेशान हो जाता है। ऐसा जातक दूसरों की पीड़ा व दर्द को देखकर परोपकार की भावना या भावुक होकर नहीं घबराता अपितु इसको स्वयं को उसी प्रकार की बीमारी होने का भय हो, इनको सताने लगता है। ऐसे व्यक्ति को अज्ञात भयों से

मुक्ति पाने के लिए ईश्वर के प्रति आस्था को बढ़ानी चाहिये।

वक्री नेपच्यून सप्तम भाव में–

सप्तमस्थ वक्री नेपच्यून जातक को विवाह, भागीदारी वगैरह में जल्दीबाजी की वजह से परेशानी उत्पन्न कराता है। ऐसे जातक की शादी जल्दीबाजी में शीघ्र ही हो जाती है। इस भाव में वक्री नेपच्यून वाला जातक पत्नी, प्यार, भागीदार के प्रति धाखेबाज होता है तथा जान-बूझकर झूठ बोलता है व झांसे देता है। ऐसे जातक को स्वामिभक्ति, विनम्रता एवं सद्व्यावहारिकता की ओर गतिशील होना चाहिये।

वक्री नेपच्यून अष्टम भाव में–

ऐसे जातक आध्यात्मिक, तान्त्रिक व धार्मिक क्षेत्र में रुचि रखते हैं परन्तु इनकी रुचि कालाजादू, मलिनक्रिया एवं निम्न स्तरीय शूद्र देवताओं की पूजा में होने से इनका आध्यात्मिक ज्ञान उत्तम फलदायक न होकर निकृष्ट रहेगा। ऐसे जातक झूठे दिखावे व कपटी गुरु के झांसे में आकर पथभ्रष्ट हो जाते हैं। ऐसे व्यक्ति पराई अमानत एवं पराये धन को लेकर ईमानदार एवं कर्तव्यनिष्ठ नहीं होते।

ऐसे जातक को शाश्वत सत्य की सही खोज हेतु योग्य गुरु की तलाश करनी चाहिये। पराई अमानत एवं पराये धन के प्रति निष्ठावान रहना चाहिये एवं अपने आचरण को पवित्र बनाने का प्रयत्न करना चाहिये।

वक्री नेपच्यून नवम भाव में–

नवमस्थ वक्री नेपच्यून वाले जातक दार्शनिक, धार्मिक एवं उच्च श्रेणी के विचारक होते हैं परन्तु इनमें धार्मिक कट्टरता एवं उन्माद विशेष रहता है एवं एक प्रकार से संकीर्ण व संकुचित मनोवृत्ति से ग्रसित होते हैं।

यदि इसके साथ बृहस्पति भी वक्री हो तो व्यक्ति बड़ी पीठ का स्वामी एवं बड़े धार्मिक पद पर आरूढ़ होकर उन्मादी होता है। बुध हो तो व्यक्ति किसी मठ या मन्दिर का सलाहकार या ट्रस्टी होता है। नेपच्यून के साथ सूर्य होने पर व्यक्ति अहंकारी होता है। मंगल होने पर जातक क्रूर एवं शुक्र होने पर जातक को अजीबोगरीब सपने आते हैं। यदि नेपच्यून शुभ ग्रहों से दृष्ट हो तो ऐसे व्यक्ति ऊंचे दर्जे वाले एवं धर्मध्वज होते हैं।

वक्री नेपच्यून दशम भाव में–

दशमस्थ वक्री नेपच्यून बताता है कि जातक किसी बड़ी धार्मिक एवं सामाजिक संस्था का प्रमुख होना चाहिये। इसके ऊपर समाज एवं धार्मिक कार्यों की बड़ी-बड़ी जिम्मेदारियां रही होंगी परन्तु इस जातक ने अपने पद, वैभव एवं प्रतिष्ठा

का दुरुपयोग किया है। यदि नेपच्यून सिंह राशि में है तो जातक सरकारी अधिकारियों पर भी हुक्म चलाता है। यदि नेपच्यून मेष राशि में है तो जातक गुस्सैल स्वभाव एवं हुकूमत व आदेश पसन्द होगा। यदि ऐसे जातक की कुण्डली में बृहस्पति भी नेपच्यून के साथ हो तो व्यक्ति कुछ भी पद पर न होते हुए भी राजनीतिज्ञों पर, नेताओं पर शासन करेगा। ऐसे जातक के जीवन का कोई निश्चित उद्देश्य या लक्ष्य नहीं होता। इनके पास प्रखर बुद्धि, प्रभावशाली व्यक्तित्व होता है पर उसका कोई सदुपयोग नहीं होता। ऐसे जातक को चाहिये कि अपनी दिव्यशक्ति एवं जन्मजात प्रभाव का उपयोग लोकोपकार एवं समाजहित में करें।

वक्री नेपच्यून एकादश भाव में–

एकादश भाव में स्थिति वक्री नेपच्यून बताता है कि जातक पूर्वजन्म में अपने दोस्तों के प्रति, समाज के प्रति एवं रिश्तेदारों के प्रति बहुत स्वामिभक्त, श्रद्धालु, विश्वासी एवं सेवाभावी रहा है। इस कारण इस जन्म में भी इसके इर्द-गिर्द रहने वाले लोग आकरण इनके प्रति झुकाव एवं सेवाभाव रखते हैं तथा बिना किसी प्रलोभन, प्रशंसा एवं लगाव के इनकी आज्ञा का पालन करते हैं। ऐसे जातक अपने से ऊंचे व श्रेष्ठ लोगों के मध्य आना-जाना रखते हैं एवं रुपयों व पैसों के मामले में सच्चे एवं ईमानदार होते हैं परन्तु यदि यह नेपच्यून मंगल से प्रभावित हो, तो जातक अपनी शक्ति का दुरुपयोग गलत कार्यों में करता है। पाप ग्रहों से प्रभावित होने पर नेपच्यून क्रूर शक्तियों से सम्पन्न जातक को पैदा करता है।

वक्री नेपच्यून द्वादश भाव में–

यह जातक की कुण्डली में नेपच्यून की सबसे महत्त्वपूर्ण एवं विलक्षण स्थिति का संकेत देता है। ऐसा जातक योगी, संन्यासी, वीतरागी एवं मोक्ष मार्ग का पथिक होता है। ऐसा व्यक्ति प्राणी मात्र का शुभचिन्तक एवं मानव मात्र का भला सोचने वाला होता है। यदि यहां पाप ग्रह साथ हो तो फल विपरीत होता है। गुरु की दृष्टि से नेपच्यून शुभ फलदाई हो जाता है। इसके विपरीत मंगल, शनि की दृष्टि एवं राहु या केतु से युति करने पर पाप पीड़ित होकर अशुभ फल देने वाला हो जाता है।

चिन्तनिका-13

वक्री प्लूटो

वक्री प्लूटो वाले लोग सामाजिक-क्रांति में अग्रगण्य होते हैं। इनका अधिकतम समय, सामाजिक-व्यवस्था व समाज-सुधार कार्य, ग्राम व नगर के विकास सम्बन्धी वादों में व्यतीत होता है। ये लोग व्यक्तिनिष्ट होते हैं तथा व्यष्टि से समष्टि के परिवर्तन में विश्वास रखते हैं। ऐसे व्यक्ति अधैर्यशाली होते हैं।

वक्री प्लूटो वाले जातक कभी शान्ति से नहीं बैठते। कुछ-न-कुछ करते रहने की प्रवृत्ति इनमें विशेष रूप से होती है, निष्क्रियता इनके लिये घातक होती है। ऐसे व्यक्ति अपने जाति, धर्म, कुल, परिवार की प्रतिष्ठा के प्रति बहुत सतर्क व सावधान रहते हैं। समाज के प्रति, सामाजिक व्यवस्था के प्रति उनका विद्रोह कभी व्यक्तिगत नहीं होता, वे जन-मन के शुभचिन्तक होते हैं। ऐसे व्यक्ति अकेले होते हुए भी बड़ी-से-बड़ी मुसीबत का सामना कर जाते हैं। सामाजिक संगठनों को चुनौती दे देते हैं। ये स्वयं को समाज-सुधारक, गृहस्थ, साधु, धर्म प्रचारक, मानव धर्म-रक्षक जैसा कुछ मानते हैं। ऐसे व्यक्ति परिपक्व बुद्धि वाले, प्रखर वक्ता एवं सामाजिक नेता के रूप में प्रतिष्ठा प्राप्त करते हैं।

दूसरे शब्दों में वक्री प्लूटो वाले जातक में संघर्ष करने की वृत्ति अधिक होती है। जीवन के प्रति इनका दृष्टिकोण आम लोगों से हटकर होता है। ये व्यक्ति-सुधार से समाज-सुधार का दृष्टिकोण रखते हुए, जीवन के प्रत्येक क्षेत्र में परिवर्तन की मांग रखते हैं।

वक्री प्लूटो प्रथम भाव में-

यदि वक्री प्लूटो शुभ ग्रहों से युत होकर आपके प्रथम भाव में है तो यह आपको आगे बढ़ने हेतु एवं अधिकृत कार्यों में सफलता हेतु बहुत शुभ संदेश दे रहा है। यदि यह पाप-ग्रहों से युत हो तो बताता है कि आप में नेतृत्व-शक्ति की कमी है। आप में दूसरों के प्रति सहयोग की भावना में कमी है तथा आलोचना सहन करने की शक्ति भी आप में नहीं है। ऐसे जातक दूसरों पर हुकूमत चलाना चाहते हैं तथा यह भूल जाते हैं कि दूसरे लोगों की भी अपनी अलग जिन्दगी व स्वतन्त्रता है। अकसर अपनी इन गलतियों के कारण ये बदनाम भी होते हैं।

ऐसे जातक की रिश्तेदारों के साथ व जन-सम्पर्क (व्यवहार) करते समय सावधान रहना चाहिये और कोई गलत कार्य नहीं करना चाहिये जिससे उन्हें बाद में पश्चात्ताप करना पड़े।

वक्री प्लूटो द्वितीय भाव में-

द्वितीयस्थ वक्री प्लूटो यह बताता है कि आदमी भौतिक सुख व उपलब्धियों को प्राप्त करने में पागल-सा बना हुआ है। ऐसे जातक को अपने आप पर एवं अपने परिजनों पर किसी प्रकार का कोई विश्वास या भरोसा नहीं होता है। ऐसा व्यक्ति ध नलोलुप होता है। अतः धन व यान्त्रिक वस्तुओं पर भरोसा ज्यादा एवं आदमी पर भरोसा कम रखता है। यदि प्लूटो पाप पीड़ित है, तो ऐसा जातक ईर्ष्यालु, लालची व मक्कार होता है तथा रुपये-पैसों के लिए वह अपने माता-पिता, पत्नी व बच्चों, किसी को भी धोखा दे सकता है। इनसे धन-व्यवहार करते समय सावधान रहना चाहिये।

ऐसे जातक को चाहिये की भौतिक सुख एवं धन-प्राप्ति के पीछे ज्यादा दौड़ न लगाकर, आध्यात्मिक सुख-शान्ति, समाजसेवा में भी अपने समय व शक्ति का सदुपयोग करना चाहिये।

वक्री प्लूटो तृतीय भाव में-

तृतीयस्थ वक्री प्लूटो वाला जातक शैक्षणिक उपलब्धियों के प्रति एवं शिक्षा के प्रति उदासीन रहता है। ऐसा व्यक्ति अपने भाई-बहनों के प्रति सही उत्तरदायित्व एवं कर्तव्य का पालन नहीं करता। ऐसे आदमी अधैर्यशाली व चिड़चिड़ा होते हैं तथा अपने भाई-बहनों, रिश्तेदारों, पड़ोसियों के प्रति रूखा व्यवहार रखते हैं। ऐसे व्यक्ति प्रायः प्रतिक्रियावादी होते हैं तथा मौका आने पर अपनी विध्वंसात्मक शक्ति का प्रयोग करने में नहीं चूकते।

ऐसे जातक को अपने रिश्तेदारों, परिजनों व पड़ोसियों के साथ व्यवहार करते समय विनम्रता का सहारा लेना चाहिये तथा अपनी शक्ति का उपयोग जनहित व आम लोगों की भलाई के लिए करना चाहिए।

वक्री प्लूटो चतुर्थ भाव में-

चतुर्थस्थ वक्री प्लूटो वाला व्यक्ति आत्मकेन्द्रित बुद्धि वाला, अपने मकान व नौकरों के प्रति ज्यादा चिन्तित एवं कुछ स्वार्थी बुद्धि वाला होता है। ऐसे व्यक्ति अपने मकान, नौकर-चाकर, वाहनादि साधनों का उपयोग केवल स्वयं तक ही रखता है। अपने रिश्तेदारों व मित्रों को अपने घर का पता नहीं बताता तथा अपने भौतिक साध नों के उपयोग हेतु दूसरों को स्पष्ट मना कर देता है।

ऐसे जातक को जीवन में सफल होने के लिए अपने असामाजिक व्यवहार को बदलना होगा, रिश्तेदारों व मित्रों को अपनत्व देना होगा। ऐसे जातक को दूसरे लोगों के मध्य घरेलू वातावरण उत्पन्न करते रहने का प्रयत्न करना चाहिये तभी अन्य लोग इनके प्रति आश्वस्त होकर, प्रेम एवं सहिष्णुता का व्यवहार करने लगेंगे।

वक्री प्लूटो पंचम भाव में–

पंचमस्थ वक्री प्लूटो वाले जातक प्राय: परिवार के मुखिया, ग्राम के मुखिया, समाज व जाति में प्रमुख लोग होते हैं। ऐसे लोगों में समाज के प्रति सेवाभाव कम, किन्तु अपने अहं की तुष्टि का भाव अधिक होता है। ये अपने संतानों के प्रति लापरवाह रहते हैं। उन्हें अपने अनुशासन में रखना पसन्द करते हैं परन्तु पत्नी व सन्तान के प्रति अपने कर्तव्यों का पालन नहीं करते। ऐसे जातक विपरीत लिंगियों के साथ अनाचार व बलात्कार-सा व्यवहार कर जाते हैं। यदि नेपच्यून या बृहस्पति की युति प्लूटो के साथ है तो जातक सदाचारी एवं धार्मिक व्यक्ति बन जायेगा।

ऐसे जातक को अपने से छोटों के प्रति, बच्चों के प्रति सरलता व सज्जनता का व्यवहार करना चाहिए। विपरीत लिंगियों के प्रति विश्वास व प्रेम की भावना जागृत करनी चाहिये एवं अपनी रचनाओं व कृतियों के प्रति आशावादी विचार रखने चाहिये।

वक्री प्लूटो छठे भाव में–

षष्ठस्थ वक्री प्लूटो वाला व्यक्ति अपने सहयोगियों, सहपाठियों, सहकर्मियों के प्रति प्राय: बेरुखा व्यवहार रखता है। फलत: अपने मित्रों, कर्मचारियों के मध्य यशस्वी नहीं होता। यदि इस प्लूटो के साथ मंगल की युति या दृष्टि सम्बन्ध हो जाता है तो व्यक्ति सेना का नायक या कमाण्डर होता है तथा उसमें युद्धोन्माद प्रतिपल छाया रहता है। ऐसे लोग थोड़ी-सी प्रतिकूल बात पर भड़क उठते हैं तथा झगड़े के लिए हर दम तैयार रहते हैं।

ऐसे जातक को नि:स्वार्थ सेवा-भाव पर बल देना चाहिए तथा अपनी शक्ति को समाज-हित एवं राष्ट्रहित में समर्पित कर देना चाहिये।

वक्री प्लूटो सप्तम भाव में–

सप्तमस्थ वक्री प्लूटो वाला जातक व्यापार में, भागीदारी में, एवं विवाह के मामलों में अविश्वासी होता है। ऐसा जातक रहस्यवादी होता है तथा विवाह में, भागीदारी एवं व्यापार में अस्पष्टवादी, गुमसुम, खुल कर बात न करने वाला, चालाक व चतुर होता है। ऐसे जातक के प्रेमप्रसंग भावनात्मक सच्चाई व शुद्धता पर आधारित न होकर सैक्सुअल सम्बन्धों एवं वासनात्मक प्रक्रियाओं पर अवलम्बित

होते हैं।

ऐसे जातक को एक पक्षीय सुखेच्छा का त्याग करना चाहिये तथा अपने भागीदार व जीवन के कपट व्यवहार नहीं करना चाहिये। सच्चाई के साथ चलने से एवं स्पष्ट बोलने से इनका व्यक्तित्व निखरेगा।

वक्री प्लूटो अष्टम भाव में–

अष्टम भाव प्लूटो का कारक स्थान है। यदि यहां पर प्लूटो वक्री होकर स्थिर हो, तो व्यक्ति अपने स्वार्थ के लिये जनता के रुपयों-पैसों व अमानती वस्तुओं का दुरुपयोग करते हैं। ऐसे व्यक्ति भौतिकवादी होते हैं तथा **'ऋणं कृत्वा घृतं पिबेत'** के सूत्र पर चलने वाले होते हैं। ऐसे व्यक्ति के जीवन में धन्धा-नौकरी, मित्रता, विवाह, भागीदारी इत्यादि सभी वस्तुओं का अन्त झगड़े व हिंसक घटना से होता है। तथा यह भी देखा गया है कि किसी घातक शस्त्र प्रहार से इनकी मृत्यु होती है।

ऐसे जातक को झगड़ों से दूर रहने की प्रवृत्ति अपनानी चाहिये, तथा व्यक्तिगत स्वार्थ को त्याग कर, जनहित की ओर ज्यादा ध्यान देना चाहिये।

वक्री प्लूटो नवम भाव में–

नवमस्थ वक्री प्लूटो व्यक्ति को बड़ा धार्मिक नेता, ऊंचा दार्शनिक, श्रेष्ठ लेखक, साहित्यकार एवं बुद्धिजीवियों में अग्रगण्य बना डालता है। यदि प्लूटो पापपीड़ित या पाप ग्रहों से दृष्ट हो तो व्यक्ति को पाखण्डी एवं पाप कर्म करने में अभ्यस्त बना डालता है। ऐसी अवस्था में व्यक्ति अपने विश्वास, मान्यतायें एवं धार्मिक उन्मादों को दूसरों पर थोपने की कोशिश करता है तथा अपनी श्रेष्ठता का दुरुपयोग करने लग जाता है। व्यापारी व उद्योगपति होने पर ये लोग नई-नई आकर्षक वस्तुओं का निर्माण करते हैं तथा उन्हें ब्लैक में बेचते हैं।

ऐसे जातक को धार्मिक, दार्शनिक एवं साहित्य के क्षेत्र में सच्चाई व ईमानदारी से काम लेते हुए मानवीय आदर्श की स्थापना करनी चाहिये तथा अपने विचारों को दूसरों पर थोपने की कोशिश नहीं करनी चाहिये।

वक्री प्लूटो दशम भाव में–

दशमस्थ वक्री प्लूटो यह बताता है कि जातक अपने पद-प्रतिष्ठा व अधिकारों का दुरुपयोग करने से नहीं चूकता। सरकारी अफसर होने पर ये अपनी मनमानी करते हैं। ऐसे व्यक्ति प्रबल महत्त्वाकांक्षी होते हैं ताकि अपनी उन्नति के लिए दूसरों का नुकसान कर डालते हैं। केवल अपनी प्रतिष्ठा व इज्जत को सर्वोपरि मानते हैं तथा दूसरों की इज्जत बचाव की परवाह नहीं करते। ऐसे व्यक्ति गुणग्राही व अवसरवादी होते हैं। अपने काम वाली वस्तु की फौरन तलाश कर लेते हैं तथा अवसर को हाथ

से नहीं जाने देते।

ऐसे जातक को अपनी महत्त्वाकांक्षाओं को नियंन्त्रित करना चाहिये एवं अपने अधिकारों व शक्तियों का उपयोग जनहित के कार्यों में करना चाहिये।

वक्री प्लूटो एकादश भाव में–

एकादशमस्थ वक्री प्लूटो जातक को कुतर्की बना डालता है तथा ऐसा व्यक्ति प्रत्येक कार्य में नकारात्मक एवं प्रतिकूल रवैया अपनाते हैं। यदि प्लूटो कुण्डली में पापग्रहों से दृष्ट है तो जातक निम्नवर्गी, नीचकर्मी एवं अपने से छोटे स्तर के लोगों से मेलजोल बढ़ायेगा। ऐसा व्यक्ति अपने मित्रों व रिश्तेदारों को परखने में अकसर धोखा खा जाते हैं। ऐसे लोग कानों के कच्चे होते हैं तथा वस्तु-स्थिति की गहराई को नहीं पकड़ पाते। इनके द्वारा अकसर न्याय के बदले अन्याय हो जाता है।

ऐसे जातक को अपने मित्रों व मिलने-जुलने वालों का दायरा बदलना चाहिये। जीवन में नकारात्मक रुख को त्याग कर लोगों को प्रशंसा करना सीखना चाहिये। प्रत्येक उत्तम व श्रेष्ठ कार्य करने वाले को प्रोत्साहित करने की आदत डालनी चाहिये।

वक्री प्लूटो द्वादश भाव में–

द्वादशस्थ वक्री प्लूटो जातक को मोक्ष मार्ग का पथिक बना देता है। यह स्थान, आत्मा, कर्म, अध्यात्म, मुक्ति एवं कर्मफल का परिपाक, खर्च, ऋण एवं तीर्थयात्राओं का कारक स्थान है। ऐसा व्यक्ति तीर्थयात्राओं, देशाटन एवं धार्मिक कृत्यों में अपने रुपयों को खर्च करता है। ऐसा व्यक्ति रहस्यवादी होता है तथा जासूसी कार्यों में लाभ कमाने वाला तथा विदेशी यात्राओं, देशाटन बगैरह से धनोपार्जन करने वाला व्यक्ति होता है।

ऐसे जातक को समय, परिस्थितियों एवं अवसरों का लाभ उठाने में दत्त चित्त एवं सावधान रहना चाहिये। ऐसे जातक को पूजा-पाठ, योग, ध्यान एवं दृष्टि साधना के माध्यम से अपनी आध्यात्मिक ताकत को बढ़ाना चाहिये। ऐसा जातक दिव्य द्रष्टा, सिद्ध, भविष्यवक्ता, उत्तम साधक, श्रेष्ठ योगी, शुद्ध आत्मा वाला, त्यागी, चिन्तक व साधु के रूप में अधिक सफल व प्रभावशाली ढंग से उभरते हैं।

चिन्तनिका-14

ज्योतिष शास्त्र में आयुष्य निर्णय

(A Critical Study about Span of Life)

संसार का प्रत्येक मनुष्य, चाहे वह किसी जाति, धर्म, सम्प्रदाय व मान्यताओं को मानने वाला क्यों न हो, उसके हृदय में प्रतिपल यह जानने की प्रबल इच्छा बनी रहती है कि उसकी आयु कितनी है? उसका जीवन कब तक चलेगा? संसार के किसी भी विज्ञान, किसी भी डॉक्टर, दार्शनिक व शुभचिन्तक के पास इस समस्या का समाधान नहीं है कि अभी जो बालक पैदा हुआ है, वह कब तक जियेगा? इसकी मृत्यु कब व किन परिस्थितियों में होगी? इसकी Longevity क्या है? इसकी Span of Life कितनी है? वास्तव में मानव प्राणी को समझ में न आने वाली सबसे विकट व कठिन समस्या है, उसके मृत्यु का समय निश्चित करना।

यह बड़े गौरव व आत्मसन्तुष्टि का विषय है कि ज्योतिष शास्त्र में इस विषय पर व्यापक चिन्तन किया गया है फिर भी जीवन भर अनेक ज्योतिष-ग्रन्थों को पढ़कर, अनका अध्ययन करके भी आयुष्य का निश्चित निदान कर पाना अत्यन्त कठिन बात है। गणित द्वारा आयुर्दाय निकालकर जन्म पत्रिकाओं में लिखना सामान्य ज्योतिष-परम्परा है। परन्तु इसमें कुछ भी तथ्य नहीं। पूर्वाचार्यों ने आयुष्य निर्णय पर बहुत जोर दिया।

परम आयुपरीक्षेत, पश्चाल्लक्षण समाचरेत।
आयुर्हीनः नरोयस्य, लक्षणं किं प्रयोजनः।।

अर्थात् विद्वान ज्योतिषी को चाहिये कि सबसे पहले सद्यःजात जातक की आयु की परीक्षा करे, उसके पश्चात ही किसी अन्य योग, चरित्र व लक्षण पर विचार करे क्योंकि Longevity जब आयु ही नहीं होगी तो अन्य लक्षणों का क्या प्रयोजन?

संसार में गुणीजनों ने सात प्रकार के सुखों की चर्चा की है। उसमें सबसे पहला सुख स्वस्थ जीवन और दूसरा सुख धन को माना है।

पहला सुख निरोगी काया, दूजा सुख मेरे घर में माया।

ऐसा लगता है कि ज्योतिष शास्त्र ने भी इस सर्वमान्य लोकोक्ति को महत्त्व दिया और जन्म कुण्डली के पहले भाव से देह तथा दूसरे भाव से द्रव्य (धन) का चिन्तन किया गया है। जन्म-पत्रिका बनवाने आने वाले व्यक्ति को किस वर्ष में क्या घटना होने वाली है, यह समझने/जानने की उत्कण्ठा बनी रहती है। जब आयुर्योग निश्चित करना आद्य कृत्य है तो गुणज्ञ ज्योतिषी को सबसे पहले उसी पर विचार करना होता है।

सद्यःजात बालक की मृत्यु और पैदा होते ही मृत्यु पर विचार करना एक विचित्र समस्या है। बालक की दशा-महादशा-अन्तरदशाओं एवं मात्र आयुर्दाय से गणित करके इतना सब कुछ निकाल पाना सम्भव नहीं है। यह काम अति परिश्रमजन्य व अनुभवगम्य है। काल-गणना की इसी समस्या के समाधान हेतु अनेक 'दशा प्रकरणों' की निष्पति हुई। विंशोत्तरी दशा, अष्टोत्तरी दशा, योगिनी दशा, काल दशा, मुद्दा दशा, हद्दा दशा, गोचर दशा और अनेक प्रकार की दशाओं पर चिन्तन-मनन किया गया पर इनमें से किसी में भी वाक्यता नहीं है।

ज्योतिष शास्त्र की असली गम्भीर समस्या यहीं से शुरू होती है।

तर्कों प्रतिष्ठ श्रुतयो विभिन्नाः
नेको ऋषिः यस्य मतः प्रमाणम्।

अनेक महान ऋषि और दैवज्ञ महापुरुष हुए, जिन्होंने बुद्धि, ज्ञान व तर्क के अनुपात से भिन्न-भिन्न सिद्धान्तों की संरचना की परन्तु यह हमारा दुर्भाग्य रहा कि किसी भी एक दैवज्ञ महापुरुष के मत को अन्तिम रूप से अनुसंधानित करके, सार्वकालिक सत्य की कसौटी पर कस कर, हमने निष्कर्ष नहीं निकाला।

दूसरे शब्दों में यह भी कहा जा सकता है कि ऋषियों द्वारा प्रणीत दिव्य ज्ञान को ग्रहण करने की योग्यता, पात्रता हममें है ही नहीं तो ऋषि बेचारे क्या करें?

श्रीकृष्ण ने अपने दिव्य अलौकिक स्वरूप को प्रकट किया परन्तु केवल दो-तीन पुरुष ही उस दिव्य शक्ति, अलौकिक शक्ति का दर्शन कर पाये। भौतिक नेंत्र तो सभी के पास थे पर 'दिव्य दर्शन' को देखने-समझने की अन्तर्ज्योति किसी के पास नहीं थी। बिलकुल यही हाल ज्योतिष-शास्त्र का है। भारतीय महर्षियों ने घनघोर तपस्या के माध्यम से अपने-आपको तिल-तिल जलाकर ज्योतिष के इस दिव्य विज्ञान को जीवित रखा। आज ज्ञान-विज्ञान का यह दुलर्भ खजाना सभी के लिए खुला है। अब ज्योतिष विद्या केवल ब्राह्मणों की विरासत नहीं रही। आज विश्व के हर देश, हर जाति, हर सम्प्रदाय व हर धर्म में आपको ज्योतिषी मिलेंगे। अकेले भारतवर्ष में आपको हजारों-लाखों की संख्या में ज्योतिषी मिलेंगे। पर कितने लोग हैं जो समर्पित भाव से, ज्योतिष-शास्त्र के अविरल शोध अध्ययन व अनुसंधान कार्य में जी-जान से जुड़ करके, इस दिव्य विज्ञान के आलोक से आलोकित हो

पाये?

इन दिनों ज्योतिष में हजारों पुस्तकें छप रही हैं, सैकड़ों लेखक, भविष्यवक्ता पैदा हो गये हैं। एक सर्वे रिपोर्ट के अनुसार पिछले एक दशक से विश्व में लाखों-करोड़ों की संख्या में ज्योतिष से संबंधित सामग्री छपी है जोकि अन्य किसी साहित्य-सामग्री की तुलना में चार गुणा अधिक है। आज किसी भी भाषा में प्रकाशित समाचारपत्र ज्योतिष फल बिना पूर्ण व अधूरा माना जाता है। निश्चय ही ज्योतिष प्रेमियों की संख्या करोड़ों में बढ़ी है। ऐसे में ज्योतिष के प्रति जागरूक अध्येताओं व ज्योतिष संस्थाओं की जिम्मेदारी और भी अधिक बढ़ जाती है। यदि इन हजारों, लाखों व करोड़ों की ज्योतिष सामग्री के बीच हम केवल एक बात, एक तथ्य एवं सूत्र की सच्चाई का पता लगाने में सफल हो जायें, तो आज ज्योतिष के दिव्य ज्ञान का झण्डा पुनः पूरे विश्व में फहर जाये। हम हमारी सारी ज्ञान सामग्री, अन्तर्चेतना के माध्यम से यदि यह पता लगाने में सफल हो जायें कि अमुक व्यक्ति कितना व कब तक जीयेगा तो समस्त संसार की मानव जाति इस समस्या के निवारण हेतु हमारी उपकृत हो जायेगी, ऋणी हो जायेगी।

ज्योतिष शास्त्र में आयु के विभिन्न मानदण्ड

हमें आयुष्य पर ज्योतिष-शास्त्र के सर्वमान्य सूत्रों के संकलन उदाहरण 'जैमिनी सूत्र' की 'तत्त्वदर्शन' नामक टीका में मिलता है। महर्षि मैत्रेय ने ऋषि पराशर से जिज्ञासावश प्रश्न किया—हे महामुने! आयुर्दाय के बहुत भेद शास्त्र में बतलाये गए हैं, कृपाकर यह बतलायें कि आयु कितने प्रकार की होती है और उसे कैसे जाना जाता है? इस पर ज्योतिष के मूर्तिमन्त स्वरूप ऋषि पराशर बोले—

बालारिष्ट योगरिष्टमल्यं मध्यञ्च दीर्घकम्।
दिव्यं चैवामितं चैवं सप्तधायुः प्रकीर्तितम्॥

हे विप्र! आयुर्दाय का वस्तुतः ज्ञान होना तो देवों के लिए भी दुर्लभ है फिर भी बालारिष्ट, योगारिष्ट, अल्प, मध्य, दीर्घ और अमित से सात प्रकार की आयु संसार में प्रसिद्ध है।

बालारिष्ट-ज्योतिष शास्त्र में जन्म से आठ वर्ष तक की आयुपर्यन्त होने वाली मृत्यु को बालारिष्ट कहा गया हैं। यथा—लग्न से 6, 8, 12 वें स्थान में चन्द्रमा यदि पापग्रहों से दृष्ट हो तो जातक का शीघ्र मरण होता है। सूर्य-ग्रहण या चन्द्र-ग्रहण का समय हो, सूर्य+चन्द्र+राहु एक ही राशि में हों तथा लग्न पर शनि मंगल की दृष्टि हो तो जातक माता सहित मर जाता है। उच्च का या नीच का, सूर्य सातवें स्थान में हो, चन्द्रमा पापपीड़ित हो तो उस जातक को माता का दूध नहीं मिलता, वह बकरी के दूध से जीता है। इसी प्रकार लग्न से छठे भाव में चन्द्रमा, लग्न में शनि और

सप्तम में मंगल हो तो सद्य:जात बालक के पिता की मृत्यु हो जाती है।

इस प्रकार के अनेक बालारिष्ट योगों का वर्णन शास्त्र में मिलता है। गुणीजन बालारिष्ट से बचने के लिये चांदी का चन्द्रमा, मोती डालकर, प्राण प्रतिष्ठित करके, बालक के गले में पहनाते हैं क्योंकि चन्द्र सभी चराचर जीव की माता माना गया है। जिस प्रकार मां सभी अरिष्टों से अपनी सन्तान की रक्षा करती है उसी प्रकार यह चन्द्र भी बालारिष्ट के कुयोगों से जातक की रक्षा करता है।

शास्त्रकारों ने यह भी स्पष्ट घोषणा की है कि जन्म से चार वर्ष के भीतर बालक मरता है, उसकी मृत्यु माता के कुकर्म व पापों के कारण होती है। चार से आठ वर्ष के भीतर की मृत्यु पिता के कुर्कम व पाप के कारण होती है। नौ से बारह वर्ष के भीतर की मृत्यु जातक के स्वयं के पूर्वजन्मकृत पाप के कारण होती है और 18 वर्ष के बाद जातक का स्वतंत्र भाग्योदय माना गया है। इसलिए कई सज्जन बालक की सांगोपांग जन्मपत्रिका 18 वर्ष बाद बनाते हैं।

2. **योगारिष्ट**–आठ के बाद एवं 20 वर्ष के पहले की मृत्यु को योगारिष्ट' कहा जाता है। चूंकि विशेष योग के कारण अरिष्ट(मृत्यु) होती है अत: इसे योगारिष्ट कहा जाता है।

3.**अल्पायु योग**–शास्त्रों ने 20 से 32 वर्ष की आयु को 'अल्पायु' कहा है। मोटे तौर पर वृष, तुला, मकर व कुम्भ लग्न वाले जातक (यदि अन्य शुभ योग न हो तो) अल्पायु होते हैं।

यदि लग्नेश चर(मेष, कर्क, तुला, मकर) राशि में हो तथा अष्टमेश द्विस्वभाव (मिथुन, कन्या, धनु, मीन) राशि में हो तो अल्पायु का योग समझना चाहिये। लग्नेश पापग्रह के साथ यदि 6, 8 या 12 भाव में हो तो जातक अल्पायु होता है। यदि लग्नेश व अष्टमेश दोनों के नीच राशिगत, अस्त या निर्बल हों तो अल्पायु होते हैं। द्वितीय और द्वादश में पापग्रह हो, केन्द्र में पापग्रह हो, लग्नेश निर्बल हो, उन पर शुभ ग्रह की दृष्टि न हो, तो जातक को अल्पायु समझना चाहिये। इसी प्रकार यदि जन्म लग्नेश सूर्य का शत्रु हो तो जातक अल्पायु होता है।

यदि लग्नेश तथा अष्टमेश दोनों ही स्थिर राशि में हो तो जातक अल्पायु होता है। इसी प्रकार शनि और चन्द्रमा दोनों स्थिर राशि में हों अथवा एक चर व दूसरा द्विस्वभाव राशि में हो तो जातक अल्पायु होता है। यदि जन्म लग्न तथा होरा लग्न दोनों ही स्थिर की हो अथवा एक चर व दूसरे द्विस्वभाव राशि की हो तो जातक अल्पायु होता है। यदि चन्द्रमा लग्न-द्रेष्काण दोनों ही स्थिर राशि हो तो जातक अल्पायु होता है। द्विस्वभाव राशि हो तो भी जातक अल्पायु होता है। शुभ ग्रह तथा लग्नेश यदि आपोक्लिम (3/6/8/12) में हो तो जातक अल्पायु होता है। जिस जातक की अल्पायु हो प्राय: वह विपततारा में मृत्यु पाता है।

4. **मध्यायु योग**–32 के बाद एवं 64 वर्ष की आयु सीमा को 'मध्यायु' माना गया है। यदि लग्नेश सूर्य का सम ग्रह (बुध) हो अर्थात् मिथुन व कन्या लग्न वालों की प्राय: मध्यम आयु होती है। यदि लग्नेश तथा अष्टमेश में से एक चर (मेष, कर्क, तुला, मकर) तथा दूसरा स्थिर (वृष, सिंह, वृश्चिक, कुम्भ) राशि में हो तो जातक मध्यायु होता है। यदि लग्नेश व अष्टमेश दोनों ही द्विस्वभाव राशि में हों तो जातक की मध्यम आयु होती है। यदि शनि और चन्द्र दोनों ही द्विस्वभाव राशि में हों अथवा एक चर तथा दूसरा स्थिर राशि में हो तो जातक मध्यायु होता है, यदि जन्म लग्न तथा होरा लग्न दोनों ही द्विस्वभाव राशि की हो अथवा एक चर तथा दूसरी स्थिर राशि की हो तो जातक मध्यायु होता है। यदि चन्द्रमा तथा द्रेष्काण दोनों की द्विस्वभाव राशि हो तो जातक मध्यायु होता है। यदि चन्द्रमा तथा द्रेष्काण में एक ही चर राशि तथा दूसरे की स्थिर राशि हो तो जातक मध्यायु होता है। यदि लग्नेश व अष्टमेश सामान्य स्थानों में हो तो जातक मध्यायु होता है। मध्यायु प्रमाण वाले जातक की मृत्यु प्राय: प्रत्यरि-तारा में होती है।

5. **दीर्घायु योग**–64 से ऊपर एवं 120 वर्ष के मध्य की आयु ज्योतिष में दीर्घायु व पूर्णायु मानी गई है। यदि जन्म लग्नेश सूर्य का मित्र हो तो जातक दीर्घायु होता है। लग्नेश व अष्टमेश दोनों चर में हों तो जातक दीर्घायु होता है। यदि लग्नेश तथा अष्टमेश में से एक स्थिर तथा दूसरा द्विस्वभाव राशि में हो तो जातक दीर्घायु होता है। यदि लग्नेश तथा अष्टमेश में से एक स्थिर तथा दूसरा द्विस्वभाव राशि में हो तो जातक दीर्घायु होता है। यदि शनि और चन्द्र दोनों चर राशि में हो अथवा एक स्थिर दूसरा द्विस्वभाव राशि में हो तो जातक दीर्घायु होता है। यदि जन्म लग्न तथा होरा लग्न दोनों ही चर राशि की हों अथवा एक स्थिर व दूसरी द्विस्वभाव राशि की हो तो जातक दीर्घायु होता है। यदि चन्द्रमा तथा द्रेष्काण दोनों की चर राशि हो तो जातक दीर्घायु होता है। यदि शुभ ग्रह तथा लग्नेश केन्द्र में हो तो जातक दीर्घायु होता है। लग्नेश केन्द्र में गुरु, शुक्र से युत या दृष्ट हो तो भी पूर्णायुकारक योग होता है। लग्नेश, अष्टमेश सहित तीन ग्रह उच्च स्थान में हो तथा आठवां भाव पाप ग्रह रहित हो तो जातक के पूर्णायु योग होता है। लग्नेश पूर्ण बली हो तथा कोई भी तीन ग्रह उच्च, स्वगृही या मित्र राशिस्थ होकर आठवें भाव में हो तो जातक की पूर्ण आयु होती है।

6. **दिव्यायु**-यह शुभ ग्रह केन्द्र और त्रिकोण में हो और सब पाप ग्रह 3/6/11 वें स्थान में हों तथा अष्टमेश भाव में शुभग्रह की राशि हो तो दिव्य आयु का योग होता है। ऐसा जातक यज्ञ-जप-अनुष्ठान, योग व कायाकल्प क्रिया से हजार वर्ष तक जी सकता है।

7. **अमित आयु**-यदि गुरु गोपुरांश (अपने चतुर्वर्ग) में होकर केन्द्र में हो, शुक्र

पारावतांश (अपने षड्वर्ग) में हो एवं कर्कलग्न हो तो ऐसा जातक मानव न होकर देवता होता है। उसकी आयु की कोई सीमा नहीं होती व इच्छामृत्यु का कवच पहने होता है।

वार के आयुष्य की गणना

मानसागरी व अनेक प्राचीन जातक ग्रन्थों में वारायु की गणना दी गयी है। उनके अनुसार रविवार का जन्म हो तो जातक 60 वर्ष जीयेगा परन्तु जन्म से पहला, छठा महीना, 13वां एवं 22वें महीने में घात रहेग। सोमवार का जन्म हो तो जातक 84 वर्ष जीयेगा। परन्तु 11 वें मास एवं 16वें व 27 वें वर्ष में पीड़ा होगी। मंगलवार का जन्म हो तो 74 वर्ष जीयेगा परन्तु जन्म से दूसरे व 22वें वर्ष में घात सम्भव है। बुधवार को जन्मा जातक 64 वर्ष जीता है किन्तु 8वें मास व आठवें वर्ष घात रहती है। गुरुवार में जन्मा जातक 84 वर्ष जीता है। जन्म से सातवां मास, एवं 13 व 16 वें वर्ष में कष्ट होता है। शुक्रवार का व्यक्ति 60 वर्ष की आयु भोगकर मृत्यु पाता है। शनिवार का जन्म हो तो पहला मास व 13 वें वर्ष में कष्ट पाकर जातक सौ वर्ष जीता है।

आयुष्य निर्णय का एक महत्त्वपूर्ण सूत्र

महर्षि पराशर ने प्रत्येक ग्रह को निश्चित आयु पिण्ड दिये हैं। यथा–सूर्य 18, चन्द्र 25, मंगल 15, बुध 12, गुरु 15,शुक्र 21, शनि 20, इसमें राहु-केतु को स्थान नहीं दिया गया है। जन्मकुण्डली में जो ग्रह उच्च व स्वगृही हो तो उनको उपर्युक्त वर्ष की सीमा दी जाती है। जो ग्रह नीच के हों तो इससे आधी संख्या देना। सूर्य के पास जो भी ग्रह जाता है अस्त हो जाता है। उस ग्रह की साधित आयु का आध ा ह्रास हो जाता है। परन्तु शुक्र शनि की पिण्डायु का ह्रास नहीं होगा। शत्रुराशि में ग्रह हो तो उसका तृतीयांश का ह्रास हो जाता है। इस प्रकार से ग्रहों को आयु संख्या देनी चाहिये।

पिण्डायु, वरायु एवं अल्पायु इत्यादि योगों के सम्मिश्रण से आनुपातिक आयु वर्ष का निर्णय करने के पश्चात् दशाक्रम को देखना चाहिये। मारकेश ग्रह की दशा, अन्तर्दशा व प्रत्यन्तर दशा में जातक का निश्चित मरण होता है। उस समय यदि मारकेश ग्रह की दशा न हो तो मारकेश ग्रह के साथ जो पापी ग्रह है उसकी दशा में जातक की मृत्यु होगी। ध्यान रहे, अष्टमेश की दशा में स्वत: उसकी ही अन्तर्दशा मारक होती है। व्ययेश की दशा में धनेश मारक होता है तथा धनेश की दशा में व्ययेश मारक का काम करता है। इसी प्रकार षष्ठेश की महादशा में अष्टमस्थ ग्रह की अन्तर्दशा मारक होती है। मारकेश के बारे में अलग-अलग लग्नों के सर्वमान्य मानक मानदण्ड इस प्रकार हैं।

'मारकेश विचार'

जन्म लग्न से आठवां स्थान 'आयुस्थान' कहा गया है। आठवें स्थान से आठवां स्थान (अर्थात् लग्न से तीसरा भाव) को भी 'आयुस्थान' माना गया है। आयुस्थान से बाहरवें स्थान को 'मारक स्थान' कहते हैं। इसी कारण जन्म लग्न से दूसरा और सातवां ये मारक माने गये हैं। शास्त्रज्ञों ने द्वितीयस्थ को प्रथम मारकेश तथा सप्तमेश को दूसरा मारकेश कहा है।

मारकेश का नाम लेते ही, मृत्यु का स्मरण करते ही प्राय: लोग घबरा जाते हैं। आचार्यों ने अलग-अलग लग्नों के अलग-अलग मारकेश निश्चित किये हैं। यथा--ज्योतिष शास्त्रों में मेष लग्न वाले के लिए शुक्र मारकेश होकर भी उसे मारता नहीं है परन्तु शनि और शुक्र अरिष्ट फलदायक कहे गये हैं। वृष लग्न के लिये गुरु घातक है। मिथुन लग्न के लिये शनि मारकेश होकर भी नहीं मारेगा, मंगल गुरु अशुभ है। कर्क लग्न के लिये सूर्य मारकेश होकर भी मारक नहीं है, पर शुक्र घातक है। सिंह लग्न वालों के लिए शनि मारकेश होकर भी नहीं मारेगा पर बुध मारकेश का काम करेगा। कन्या लग्न के लिये सूर्य मारक है पर वह अकेला नहीं मारेगा, मंगल वगैरह पापग्रह मारकेश के सहयोगी बनेंगे। तुला लग्न का मारकेश मंगल है पर अशुभ फल गुरु व रवि ही देंगे। वृश्चिक लग्न को गुरु मारकेश होकर भी नहीं मारेगा जबकि बुध सहायक मारकेश होकर पूर्ण मारकेश का काम करेगा।धनु लग्न का मारक शनि है पर अशुभ फल शुक्र देगा। मकर लग्न के लिये मंगल ग्रह घातक है। कुम्भ लग्न का मारकेश गुरु है पर घातक ग्रह का कार्य मंगल करेगा। मीन लग्न वालों को मंगल न मारकर शनि वगैरह मारेंगे। ध्यान रहे-छठे, आठवें व बारहवें भाव में पड़े राहु, केतु भी मारक ग्रह का कार्य करते हैं।

एक अन्य महत्त्वपूर्ण चिन्तन

मारकेश का अर्थ मुख्य रूप से लोग मृत्यु समझते हैं। कई बार मारकेश की दशा में मृत्यु न होने पर लोग ज्योतिष विद्या को सन्देह की नजर से देखते हैं। महत्त्वपूर्ण जातक ग्रन्थ 'शीघ्रबोध' के रचनाकार कहते हैं कि मृत्यु का अर्थ शरीर से प्राण निकलना ही नहीं अपितु ज्योतिष शास्त्र में मृत्यु आठ प्रकार की मानी गयी है, यथा-

व्यथा दुःखं भयं लज्जा, रोग शोकस्तथैव च।
मरणं चापमानं च मृत्युरष्टविधः स्मृतः।।

अर्थात् शरीर में 1. व्यथा (निरन्तर क्लेश), 2. लगातार शत्रुओं से घिरा रहना, 3. हमेशा (शत्रुओं) से भयभीत रहना। 4. हर जगह लज्जित रहना 5. अनवरत शोक

(रिश्तेदारों, निकट सम्बन्धियों की मृत्यु) से पीड़ित रहना, 6. शरीर से प्राण निकलना, 7. भरी सभा में अपमानित होना– ये आठों मृत्यु के ही रूप हैं। अर्थात् मारकेश की दशा में इन आठों में से कोई भी घटना-घटित हो सकती है। जरूरी नहीं कि मारकेश शरीर पर ही आवे, धन पर भी मारकेश आता है और व्यक्ति करोड़पति से फकीर बन जाता है। इस प्रकार के मारकेश का समावेश, दारुण 'व्यथा' में किया जायेगा। लगातार निष्ठा पूर्वक प्रयत्न करने पर भी सफलता न मिलने का अन्तर्भाव 'दुःख में होगा। इसी तरह से मारकेश के भारार्थ को आयु की गति व परिस्थिति के अनुसार समझना व पकड़ना होगा।

आठवें प्रकार की मृत्यु के बारे में एक रोचक प्रसंग महाभारत में मिलता है। घटना उस समय की है जब जयद्रथ का वध हो चुका है। अर्जुन ने कर्ण को मारने की प्रतिज्ञा की परन्तु मार न सका। इसके विपरीत कर्ण ने भार्गवास्त्र के प्रयोग से सभी पांचालों को मार डाला। ऐसे में भीमसेन पर युद्ध का भार सौंपकर अर्जुन श्री कृष्ण को साथ लेकर युधिष्ठिर के शिविर में उनसे मिलने जाते हैं। कर्ण द्वारा, नकुल, सहदेव सहित युधिष्ठिर पराजित हो चुके हैं तथा घायल अवस्था में शिविर में उपचार करवा रहे हैं। इतनें में अर्जुन श्री कृष्ण सहित शिविर में प्रवेश करते हैं। अर्जुन को देखते ही उलाहना देते हुए युधिष्ठिर कहते हैं–'धिक्कार है तुम्हारे इस गाण्डीव धनुष को, धिक्कार है! तुम्हारी भुजाओं के पराक्रम को, धिक्कार है। तुम्हारे इस असंख्य बाणों को धिक्कार है!! हनुमान जी के द्वारा रक्षित तुम्हारे इस ध्वज को धिक्कार है तथा अग्निदेव के दिये हुए इस रथ को। हे अर्जुन! यदि तुम रणभूमि में विचरते हुए इस राधा पुत्र कर्ण का सामना करने की शक्ति नहीं रखते तो यह गाण्डीव धनुष दूसरे किसी ऐसे राजा को दे दो, जो अस्त्र बल में तुमसे बलशील हो।'

अर्जुन ने पहले से ही मानसिक रूप से प्रतिज्ञा कर रखी थी कि जो मेरे गाण्डीव धनुष की निन्दा करेगा उसका सिर तत्काल मैं काट डालूंगा। युधिष्ठिर के इतना कहते ही अर्जुन तलवार द्वारा युधिष्ठिर का सिर काटने को उद्यत हो जाते हैं। इस धर्मसंकट के उपस्थित होने पर श्री कृष्ण अर्जुन को समझाते हैं कि तुमने नासमझ बालक की भाँति मूर्खतावश प्रतिज्ञा कर रखी है तथा इसी कारण अधर्म युक्त आचरण कर रहे हो। हे पुरुष सिंह! ऐसा प्रतीत होता है कि तुमने वृद्ध पुरुषों की सेवा नहीं की। प्राणियों की हिंसा न करना ही सबसे बड़ा धर्म है। तुम जिस प्रतिज्ञा की रक्षा को अपना धर्म समझते हो वह वास्तविक धर्म न होकर अभिमान का ही स्वरूप है।

इस पर अर्जुन कहते हैं–'हे मधुसूदन! मैं किंकर्तव्यविमूढ़ होकर पराक्रम शून्य और अचेत-सा हो गया हूं। धर्मपुत्र युधिष्ठिर वध योग्य नहीं हैं और इधर मुझे प्रतिज्ञा

का पालन भी करना है। प्रतिज्ञा शून्य होकर मैं जीना नहीं चाहता और भाई का वध करते ही मैं आत्मग्लानि से वैसे ही मर जाऊंगा। इस विषम परिस्थिति में मुझे चारों ओर अंधेरा-ही-अंधेरा नजर आ रहा है। अतः हे सखा! संकट की इस विषम घड़ी में मुझे ज्ञान का प्रकाश दिखाएं।

इस पर भगवान श्रीकृष्ण कहते हैं-

यदा मानं लभते, माननार्हम,
स्तदा स वै जीवति जीवः लोके।
यदा वमानं लभते महान्तं,
तदा जीवन्मृत इत्युच्यते सः॥

हे अर्जुन इस जीव जगत में माननीय पुरुष जब तक सम्मान पाता है, तभी तक वह वास्तव में जीवित है। जब वह महान् अपमान पाने लगता है, तब वह जीते जी मरा हुआ कहलाता है। तुमने सदैव युधिष्ठिर का बड़ा भारी सम्मान किया है किन्तु इस समय थोड़ा-सा अपमान कर दो। हे पार्थ! तुम धर्मराज युधिष्ठिर को सदा 'आप' कहते आये हो, आज उन्हें 'तू' कह दो। हे भारत! यदि किसी गुरुजन को 'तू' कह दिया जाय तो साधु पुरुषों की दृष्टि में उसका वध हो जाता है।

'अवधेन वधः प्रोक्तो यद गुरुस्त्वमिति प्रभुः।'

यह श्रुति वाक्य है, इसका भाव यह है-'गुरु को 'तू' कह देना, उसे बिना मारे ही मार डालना है। हे पार्थ! तुम धर्मज्ञ हो, फिर भी मैंने तुम्हें धर्म का मार्ग दिखलाया है अतः तुम वैसा आचरण करो। तुम्हारे द्वारा अनुचित शब्दों के प्रयोग को सुनकर ये धर्मराज अपना वध हुआ ही समझेगा। इसके बाद तुम इनके चरणों में प्रणाम करके, इन्हें सान्त्वना देते हुए, क्षमा मांग लेना और इनके प्रति न्यायोचित वचन बोलना। तुम्हारे ज्येष्ठ भ्राता युधिष्ठिर बुद्धिमानों में श्रेष्ठ हैं। ये तुम्हारे कर्तव्य का ध्यान करके, तुम पर क्रोध नहीं करेंगे। इस प्रकार तुम मिथ्या भाषण और भ्रातृ-वध के पाप से मुक्त होकर, बड़े हर्ष व उत्साह के साथ सूत-पुत्र कर्ण का वध करना।

श्री कृष्ण की बुद्धिरूपी नौका का आश्रय लेकर पाण्डव संकट के भयानक समुद्र को पार कर गये। इस दृष्टान्त से 'शीघ्रबोध' के इस मारकेश विचार के श्लोक को पूर्ण पुष्टता मिलती है साथ ही जिज्ञासुओं को नया चिन्तन मिलता है। बुद्धिमान ज्योतिषी को फलादेश करते समय देशकाल, परिस्थिति का सम्यक रूप से ध्यान धरकर ही संयमित व सारगर्भित वाणी का प्रयोग करना चाहिये।

चिन्तनिका-15

क्या भविष्य बदला जा सकता है?

(CAN WE CHANGE THE FUTURE?)

जबसे संसार बना है तब से मनुष्य में भविष्य जानने की इच्छा जागृत हुई। भविष्य देखने की भिन्न-भिन्न विधाएं, भिन्न-भिन्न देश-कला व संस्कृति के कारण भिन्न-भिन्न रूप से परिष्कृत हुईं। परन्तु एक समस्या, एक अनबूझा प्रश्न आज भी मानव संस्कृति-सभ्यता के सामने अनुरक्त खड़ा है? वह यह है कि भविष्य को जान लेने के बाद, क्या भविष्य बदला जा सकता है? यदि भविष्य को बदला नहीं जा सकता तो उसके जानने की सार्थकता ही समाप्त हो जाती है।

अनेक दार्शनिकों, चिन्तकों एवं ज्योतिषियों ने अपने-अपने तरीकों से इस प्रश्न का समाधान करने की चेष्टाएं भी कीं। नास्तिकों ने ज्योतिष को भाग्यवाद एवं भाग्यवाद को जड़वाद की संज्ञा भी दी। आज ज्योतिष का परिष्कृत एवं वैज्ञानिक स्वरूप लोगों के सामने है। ज्योतिष जड़वाद की संज्ञा से बाहर निकल चुका है। ज्योतिष भाग्यवाद नहीं, प्रत्युत पुरुषार्थवाद की युक्ति संगत व्याख्या है। आज इस तथ्य को प्रत्येक बुद्धिजीवी जान चुका है, समझ चुका है, परख चुका है। यही कारण है कि अनेक प्रकार के खण्डन-मण्डन एवं विवादों के पश्चात् ज्योतिष शास्त्र आज भी अपनी जगह अक्षुण्ण खड़ा है और ज्योतिष शास्त्र का ज्ञाता आज भी समग्र संसार में आदर का, श्रद्धा का, सम्मान का पात्र बना हुआ है।

कई विद्वानों ने पुरुषार्थ एवं भाग्य को आपस में टकराने की बहुत कोशिश की। नीति-शास्त्र में भी जगह-जगह उल्लेख है–

उद्यमेन पुरुषस्य सिंह उपैति लक्ष्मी
भाग्येन भाग्यविहिता का पुरुषा वन्दन्ति।

अर्थात् उद्यम प्रदान करने पर ही पुरुष रूपी सिंह को लक्ष्मी एवं सभी प्रकार के ऐश्वर्य की प्राप्ति होती है। भाग्य में जो है वो मिलेगा, ऐसा तो निकम्मे व कायर लोग ही सोचते हैं, पुरषार्थी नहीं।

कर्मवादियों एवं ज्योतिषियों का विवाद युगों-युगों से चला आ रहा है। कर्मवादी अपने पक्ष की प्रबल पुष्टि हेतु प्राय: गीता के इस श्लोक की दुहाई देते

हैं-

कर्मण्येवाधिकारस्ते मा फलेषु कदाचनं।।
मा कर्मफल हेतुर्भूमाते सगंगोऽ स्त्वकर्मणि।

(अ. 2, श्लो. 47)

कहते हैं-भगवान कृष्ण ने यही श्लोक माता कुन्ती को सुना दिया। इस पर कुन्ती ने तत्काल पलट कर जवाब दिया-

भाग्यं फलति सर्वत्र न विद्या न च पौरुषम्।।
शूराग्र कृतविद्याश्च वने तिष्ठन्ति में सुताः।।

हे कृष्ण! यह माना कि जगत में कर्म प्रधान है। कठोर परिश्रम व पुरुषार्थ से सब कुछ पाया जा सकता है परन्तु विद्यावानों में महाविद्वान् मेरा पुत्र युधिष्ठिर एवं शूरवीर में महाशूरवीर मेरे भीम अर्जुन जैसे पुरुषार्थी पुरुषों के होते हुए भी कायर व कुबुद्धि दुर्योधन हस्तिनापुर पर शासन कर रहा है और मेरे पुत्र बेसहारे होकर वनों में भटक रहे हैं। पुरुषार्थ एवं विद्या कई बार भाग्य के सामने निष्फल हो जाते हैं।

नेता यस्य बृहस्पतिः प्रहरणं वज्र सुरा सैनिकाः।
स्वर्गो दुर्गमनु ग्रहः खलु हरे रैरावणो वारणः।।
इत्याश्चर्य बलान्वितोऽपि बलभिदभ्गनः परै संगरे।
तत्त्वयक्तं ननु दैवमेव शरणं धिग्धिगृवृथा पौरुषम्।।

जिसका नेता व उपदेशक साक्षात बृहस्पति हो, वज्र जिसका आयुध हो, सदा अमर रहने वाले देवता जिसके सैनिक हों, स्वर्ग जैसा दुर्गम दुर्ग हो, सकल लोकों के स्वामी हरि (विष्णु) का जिस पर अनुग्रह हो, ऐरावत जैसा दिव्य हाथी जिसका वाहन हो, ऐसा असाधारण बल एवं पुरुषार्थ वाला इन्द्र भी जब युद्ध में दैत्यों से पराजित हो जाता है जब यह मानना पड़ता है कि सब युक्तियां, उपलब्धियां एवं पुरुषार्थ 'भाग्य' (काल) के समाने व्यर्थ हैं।

प्रेक्टिकल जीवन में आपने और हमने कई बार ऐसा देखा एवं अनुभव किया कि बहुत बार युक्तिसंगत एवं कठोर परिश्रम करने पर उसका फल नहीं मिलता और दूसरी तरफ ऐसे लोग भी हैं जो कि नाम मात्र के परिश्रम से लाखों-करोड़ों रुपये कमा रहे हैं। यही कारण है कि अनुभवी लोगों ने कहा-

समय से पहले एवं भाग्य से अधिक कुछ नहीं मिलता।

(Not before Time and not more than Fate.)

इन सबके बीच हमारा प्रश्न फिर वहीं-का-वहीं खड़ा है। हम किसी की जन्म-पत्रिका देख कर यह जान लें कि इसके पुत्र नहीं होगा या अमुक व्यक्ति जीवन भर दरिद्री रहेगा। तो क्या उसका भविष्य बदला जा सकता है? यदि भविष्य बदला जा सकता है तो भविष्य देखने की निश्चितता, दृढ़ता एवं गारन्टी की साख खतम हो जायेगी? एक प्रकार से ज्योतिष का मूल बिल्डिंग ही हिल जायेगा, उसका आधार ही नष्ट हो जायेगा। यह कहना कि हम जन्म-कुण्डली देखकर यह बता सकते हैं कि अमुक योगों के कारण अमुक व्यक्ति की यह स्थिति हो जायेगी, इस बात पर प्रश्नवाचक चिह्न लग जायेगा। क्योंकि यदि भविष्य बदला जा सकता है तो अमुक व्यक्ति ने अमुक उपायों से अपना भविष्य बदल दिया होगा। ऐसे में उसके बारे में आपकी की गई भविष्यवाणी गलत निकल जायेगी। क्या भविष्य बदला जा सकता है? यह प्रश्न भी पहले मुर्गी या अण्डा, दिन में से रात निकली या रात के बाद दिन निकला की तरह ही पेचीदा है! खास बुद्धिजीवियों के लिए एक सिरदर्द है!

वैज्ञानिक कहते हैं–**'Man is born with free will.'** काफी अंशों में ज्योतिष शास्त्र भी इस बात का समर्थन करता है कि वर्तमान जीवन पूर्व जन्म का प्रतिफल है परन्तु वर्तमान में व्यक्ति कर्म करने के लिए स्वतन्त्र है। अमुक व्यक्ति सुबह का खाना दोपहर को खायेगा या शाम को? वह यहां से दिल्ली ट्रेन से जायेगा, बस से स्कूटर या हवाई जहाज से? इस पर भविष्यवाणी नहीं की जा सकती। दैनिक व्यवहार की ऐसी अनेक बातें, जो मनुष्य की इच्छाशक्ति पर निर्भर रहती है, भविष्यवाणी का, खासकर जन्म-कुण्डलियों का कार्य-क्षेत्र नहीं है। विलियम शेक्सपियर अपने स्वभाव के आधार पर लिखते हैं–

"Man could be master of his face' विश्व विख्यात फ्रांसीसी भविष्यवक्ता माइकल नास्त्रेदमस का मानना था कि भविष्य बदला जा सकता है। भविष्यवाणियों पर शोध करने वाला विख्यात डॉ. एडगर मिट्हेल का कहना है–**"It is nothing but summision of our decision"** अर्थात् मस्तिष्क की वैचारिक तरंगों के बदलने से भविष्य की क्रियाओं को बदला जा सकता है। 'योगवासिष्ठ' के मुमुक्षु इसी विषय पर चर्चा करते हुए कहते हैं–

द्वौ हुडा विच युध्येते पुरुषार्थो परस्परम्।
य एव बलवांस्तत्र स एव जयति क्षणात्॥

अर्थात् पूर्व जन्म और इस जन्म के कर्म रूपी दो भेड़ें आपस में लड़ते हैं– उनमें जो बलवान् होता है वह विजयी हो जाता है। उदार स्वभाव और सदाचार वाले इस जगह मोहक दैव (भाग्य के चक्र) से वैसे ही निकल जाते हैं जैसे पिंजरे से सिंह। पौरुष का फल हाथ में रखे गये आंवले के समान स्पष्ट है। प्रत्यक्ष को

छोड़कर दैव के मोह में निमग्न लोग मूढ़ हैं।

और भी कहा है–भोजन करने वाला तृप्त होता है, चलने वाला पहुंचता है, वक्ता बोलता है और अकर्मण्य कुछ नहीं करता, केवल भाग्य को दोष देता है, इसलिये पौरुष ही श्रेष्ठ है। यदि दैव ही कर्ता-धर्ता है तो प्रयत्न से क्या प्रयोजन! अन्त में वे सबसे महत्त्वपूर्ण श्लोक में गूढ़ रहस्य को स्पष्ट करते हैं–

दोषः शाम्यत्य सन्देहं प्राक्तनोद्यत नैर्गुणैः,
दृष्टान्तो ह्यस्तनस्यात्र दोषस्याद्यगुर्णैः क्षयः।
न गन्तव्य मनुद्योगैःसाम्यं पुरुष गर्दमै,
उद्योगस्तु यथा शास्त्र लोकद्वितीय सिद्धये॥

अर्थात इस जन्म के गुणों से पूर्व जन्म का दोष निःसन्देह नष्ट हो जाता है, जैसे उपवास करने से अजीर्ण का नाश हो जाता है। निकम्मे व निरुत्साही लोग गध से भी निकृष्ट है। **'उद्योगस्तु यथा शास्त्र'** किन्तु शास्त्र के वचनों के अनुसार उद्योग करने से इस लोक और परलोक दोनों में सिद्धि (सफलता) मिलती है। यहां पर जो 'शास्त्रवचन' शब्द आया है यह बड़ा ही महत्त्वपूर्ण है। और यही शब्द समस्त मूल समस्या का समाधान है।

भारतीय वाङ्मय में धर्म, अर्थ, काम और मोक्ष, पुरुषार्थ इन चारों श्रेणियों में विभक्त है। धर्म को अर्थ खा गया, काम मोक्ष में लिप्त है। अत: इन मानदण्डों की आज के युग में विशेष सार्थकता नहीं रह गई है। मेरे अनुभव में आज के पुरुषार्थ को केवल तीन श्रेणी में बांटा जाना चाहिये-अधम, मध्यम व उत्तम। 1. अधम पुरुषार्थ वह होता है, जहां व्यक्ति अपनी शक्ति का, ईश्वर प्रदत्त बुद्धि का दुरुपयोग करता है एवं मानव जाति का शत्रु बन जाता है। रावण, कंस, जयद्रथ, जयचन्द आदि इसी श्रेणी में आते हैं एवं तथाकथित वैज्ञानिक जो कि मानव जाति के विनाश हेतु अणु बम जैसे घातक अस्त्र-शस्त्र बनाते हैं, वे भी इसी श्रेणी में ही आते हैं।

2. मध्यम श्रेणी का पुरुषार्थ वह होता है जिसमें व्यक्ति दूसरों का बुरा न चाहते हुए केवल अपनी उन्नति की बात सोचता है। भौतिक उपलब्धियों की ओर अभिमुख होता हुआ तत्काल लाभ पर उसकी दृष्टि रहती है। इह लोक, परोपकार परलोक, ईश्वर एवं ईश्वर तुल्य ऋषि प्रणीत शास्त्रों में इसकी निष्ठा नहीं हाती। आज के तथाकथित नास्तिक चार्वाक एवं प्रत्येक बात को आत्म केन्द्रित होकर शंका की दृष्टि से देखने वाले लोग इसी श्रेणी में आते हैं।

3. उत्तम श्रेणी का पुरुषार्थ शास्त्र वचनों की मर्यादा से आबद्ध, महापुरुषों के आशीर्वाद से युक्त एवं समष्टि चिन्तन से अनुबन्धित होता है। मन के सुसंस्कृत संस्कारों से ही उत्तम पुरुषार्थ की निष्पत्ति होती है। भगवान् श्रीराम, महर्षि बाल्मीकि

योगी वसिष्ठ, आद्य शंकराचार्य आदि उत्तम पुरुषार्थ के अनुपम उदाहरण हैं।

अब एक उदाहरण लें। स्त्री-पुरुष के संयोग से सन्तान की उत्पत्ति होती है- यह एक सर्वविदित तथ्य है। संयोग के बाद भी संन्तान के न होने पर, रक्त टेस्ट, शुक्राणुओं के टेस्ट एवं समुचित मेडिकल उपचार के बाद भी सन्तान होने से, प्रथम व द्वितीय श्रेणी के पुरुषार्थ निष्फल हो जाते हैं। इसके बाद ही लोग अध्यात्म व ज्योतिष की शरण में जाते हैं। सन्तानहीन योगों की निवृत्ति हेतु ज्योतिष शास्त्र रुद्राभिषेक, लक्षचण्डी प्रयोग एवं पुत्रेष्टि यज्ञ का प्रावधान देता है। धर्म शास्त्र के ये अनुष्ठान उत्तम पुरुषार्थ की श्रेणी में आते हैं। अयोध्यापति महाराजा दशरथ ने ऐसा ही एक धार्मिक अनुष्ठान किया। पुत्रेष्टियज्ञ के उस क्षीर-भोजन से महाराजा दशरथ को श्रीराम जैसे दिव्य पुत्र की प्राप्ति हुई, यह सर्वविदित तथ्य है। हमारा परिवार की पिछली नौ पीढ़ियों से माली ब्राह्मणों के कुल गुरु के रूप में प्रतिष्ठा रही है। ऐसे सैकड़ों प्रेक्टिकल उदाहरण हैं कि वैदिक अनुष्ठानों के प्रयोग से लोगों को मनोवांछित फलों की प्राप्ति हुई। ऐसे फल जिनके लिए लौकिक पुरुषार्थ पूर्णतः निष्फल व अक्षम हो गये।

एक समान उपादान कारणों व युक्तियों द्वारा समान रूप से किये गए पुरुषार्थ का समान फल होना चाहिये। परन्तु ऐसा नहीं होता। पुरुषार्थवाद की लौकिक सीमायें जहां समाप्त हो जाती हैं, ठीक वहीं से अध्यात्म विज्ञान, ज्योतिष विज्ञान की सीमाएं प्रारम्भ होती हैं जिसे देखने व समझने के लिए चर्म चक्षु नहीं, दिव्य ज्योतिष की आवश्यकता होती है। यह भाग्यवाद नहीं, अपितु पुरुषार्थवाद की युक्ति संगत व्याख्या है।

पुरुषार्थवाद की सीमाओं को ठीक से समझना ही ज्योतिर्विज्ञान की उपादेयता है। ज्योतिर्विज्ञान पुरुषार्थ का शत्रु नहीं है। यह व्यक्ति को पुरुषार्थ करने से रोकता भी नहीं है अपितु सही (काल) में सही पुरुषार्थ करने की प्रेरणा देता है। ज्योतिष के इस दार्शनिक पहलू को बहुत कम लोग समझ पाये, यहां तक कि स्वयं ज्योतिषी भी नहीं।

कारण कार्य रूप में परिणित होगा या नहीं, इसका निर्णय किसी एक तथ्य के आधार पर नहीं हो सकता। अनेकानेक अनुकूल परिस्थितियां होने पर ही कारण कार्य में परिणत हो पाता है। इसलिये किसी कार्य का जन्म किसी कारण पर निर्भर न होकर कारण समूह पर निर्भर करता है। बीज का वृक्ष में परिणित होना मिट्टी, पानी और हवा जैसे अनेक विधायक तत्त्वों पर और पशुओं द्वारा पदाक्रान्त न होने जैसे निषेधात्मक परिस्थितियों पर अवलम्बित है। उपनिषदों ने इन सब कारणों को सात भागों में बांटा है। ये सातों कारण मिलकर मनुष्य के सुख-दुःख (भाग्य) का निर्धारण करते हैं। उपनिषद्कार कहते हैं-

कालः स्वभावो नियतिर्यच्छा,
भूत नियोनिः पुरुषइति चिन्त्याः।
संयोग एषा न त्वात्ययोगाद्,
आत्माप्यनीश सुख दुःख हेतोः॥

अर्थात्–1, काल, 2. स्वभाव, 3. नियति. 4. इच्छा, 5. भूत, 6. योनि, और 7. पुरुष। आज तक ज्योतिष इन सात कारणों में मुख्यत: 'काल' का ही विश्लेषण करता रहा, किन्तु काल इन सात तत्त्वों में से केवल मात्र एक तत्त्व है, जिस पर हमारा भविष्य निर्भर करता है। ज्योतिषी यदि काल पर विचार करने के साथ-साथ शेष छ: तत्त्वों पर भी युक्तिसंगत विचार करे तो मेरा विश्वास है, उसकी भविष्यवाणी कभी गलत नहीं होगी। भ्रमण का पुरुषार्थ प्रात:काल ही पूर्ण लाभ दे सकता है, दोपहर में नहीं। यह पुरुषार्थ की 1. **कालगत** सीमा है। काल के बाद वस्तु के स्वभाव का अध्ययन करना चाहिये। इसके लिए हमें 'मनोविज्ञान' तथा तत्त्व ज्ञान' की गहराई में उतरना होगा। मैं आज हिन्दी, अंग्रेजी या संस्कृत ही बोल सकता हूं, यूनानी, रूसी, या लैटिन नहीं, यह मेरे पुरुषार्थ की 2. **स्वभावगत** सीमा है। नियति तत्त्व की समीक्षा के लिए इतिहास का ज्ञान, पिछली घटनाओं की ग्रहस्थितियों का सार्क्षण अनिवार्य है। भविष्य में मैं कुछ भी हो सकता हूं, बालक नहीं? यह पुरुषार्थ की 3. **नियतिवादी** सीमा है। इच्छा पुरुषार्थ का चौथा आयाम है। दृढ़-संकल्प एवं पूर्ण इच्छा शक्ति से असम्भव कार्य भी सम्भव हो जाते हैं। एक विजातीय कीड़ा भ्रमर दर्शन के भय एवं निरन्तर उसके चिन्तन से भ्रमरी का रूप धारण कर लेता है। ईश्वर की अहैतुकी कृपा से कोई भी, कभी भी परमतत्त्व को प्राप्त कर जाता है, यह पुरुषार्थ की 4. **इच्छागत** सीमा है। भूत तत्त्व का ज्ञान भैतिक विज्ञान से होगा। जितना ऊँचा कोई चन्द्रमा के धरातल पर उछल सकता है, उतना पृथ्वी पर नहीं उछल सकता। यह पुरुषार्थ की 5, **भूतगत** सीमा है। अफ्रीकी दम्पति से उत्पन्न होने वाला बच्चा योरोपीय दम्पति से उन्नत होने वाले शिशु के समान गौर वर्ण नहीं हो सकता। यह पुरुषार्थ की 6. **योनिगत** सीमा है। इसके लिए जीव विज्ञान का विस्तृत ज्ञान ज्योतिषी को होना ही चाहिये और उसके बाद अन्तिम रूपसे 7. **पुरुष** (पुरुषार्थ) का नम्बर आता है। जो अन्तिम स्टेज पर है उसको प्रथम श्रेणी पर सर्वोपरि बतलाने की भयंकर भूल कर्मवादी लोग कर रहे हैं। यह वस्तुत: उनके सम्यक् चिन्तन का ही अभाव है। जिसको सुधारा जाना चाहिये।

पुरुषार्थ की उपर्युक्त सीमाओं का यह अर्थ नहीं है कि मनुष्य परतन्त्र है, स्वतन्त्र नहीं? काल मनुष्य को किसी रूप में भी नहीं बांधता। व्यक्ति किसी भी समय कहीं भी भ्रमण कर सकता है, दोपहर की भी एवं दुर्गन्धपूर्ण स्थानों में भी। पर शास्त्र परामर्श देता है कि मनुष्य को प्रात: काल में प्रकृति के स्वछन्द प्रांगण

(बाग-बगीचों) में घूमना चाहिये, दोपहर को नहीं। शास्त्र व्यक्तिगत स्वतन्त्रता को सही ढंग से उपयोग करने का तरीका बतलाता है। यही कार्य ज्योतिष शास्त्र अन्य शास्त्रों की तुलना में सबसे अधिक व महत्त्वपूर्ण यह करता है कि वह पुरुषार्थ की सीमा को तो बतलाता ही है परन्तु साथ में इन सीमाओं को तोड़ने के लिए उपाय (समाधान) करने का पुरुषार्थ भी सिखाता है। वह बतलाता है-

औषधी मणि मन्त्राणं, ग्रह नक्षत्र तारिका।
भाग्यकालेभवेत्सिद्धि अभाग्यं निष्फल भवेत्॥

किसी भी प्रकार की सांसारिक व्याधि, दु:ख, कष्ट व समस्या को ठीक करने के मात्र तीन उपाय हैं। प्रथम औषध औषध से ठीक (लागू) न होने पर मणि, रत्न चिकित्सा का विधान है और उसके पश्चात् मन्त्र-जप-तप-दान एवं प्रार्थनायें, हमारे पुरुषार्थ को सीमित करने वाले तत्त्वों को अनुकूल बनाने की क्षमता रखते हैं। किन्तु ऋषि कहते हैं कि ये सभी उपाय अनुकूल समय (भाग्यकाल में ही सिद्ध होते हैं। मनुष्य का अनुकूल (भाग्योदय काल) एवं प्रतिकूल (दुर्भाग्य काल) समय कब आ रहा है? यह विषय शुद्ध से काल गणक ज्योतिष शास्त्र का है। ज्योतिष शास्त्र बतलाता है कि अनुकूल समय (मुहूर्त) में मिट्टी में हाथ डालो, सोना हो जायेगा। प्रतिकूल समय में सोने में हाथ डालो मिट्टी हो जायेगा।

यदि जड़गत भाग्य ही ज्योतिष में सब कुछ होता तो ज्योतिष शास्त्र कृषि आदि कर्मों के बीज बपन के मुर्हूत, भवन निमार्ण के मुर्हूत, शुभाशुभ कार्यों का प्रारम्भ करने के विविध-विधान, निषेध, समय व नियमों का समाधान क्यों प्रस्तुत करता? ज्योतिष का मूल मनोविज्ञान यह है कि पूर्व जन्म के कर्म इस जन्म में भाग्य बन जाते हैं और शुभ भाग्य की प्राप्ति इच्छा मात्र से नहीं बल्कि उद्यम करने से होती है। यह शास्त्र सब ओर से निराश एवं हताश प्राणी में सही समय पर पुन: कार्य करने की प्रेरणा देकर, गजब की आत्म-शक्ति एवं आत्म विश्वास उत्पन्न करता है। भाग्य और कर्म एक पक्षी के दो पंख हैं और एक रथ के दो चक्र हैं। एक के बिना दूसरे की गति नहीं। ये एक दूसरे के परस्पर पूरक एवं अन्योन्याश्रित सम्बन्ध रखते हैं। जो लोग इन्हें एक-दूसरे के विरोधी साबित करने में लगे हैं, उन मूढ़ि मतियों से प्रत्येक जागरूक नागरिक को सावधान रहना चाहिये।

अब मैं आप सभी का ध्यान सर्वाधिक महत्त्वपूर्ण बात की ओर आकर्षित करना चाहता हूं। भविष्य बदलने की प्रक्रिया ज्योतिष विरोधी प्रक्रिया न होकर ज्योतिष विद्या का मूलभूत अंग है। वास्तव में भविष्य को बदलने की शास्त्रोक्त प्रकिया का नाम ही 'ज्योतिष' है।

उस चिकित्सा शास्त्र के ज्ञान से क्या लाभ जो हमें रोग के लक्षण, उसके प्रभाव व नाम की जानकारी तो दे देता है परन्तु उसका निदान नहीं? सावधानी के बिना कोई भी शास्त्र, विज्ञान अपूर्ण-अधूरा ही माना जायेगा। ज्योतिष शास्त्र हमें विभिन्न योगों के लक्षण, उनके प्रभाव, उनके नाम व सुन्दर समाधान को भी बतलाता है। यदि हमें आज के युग के सन्दर्भ में ज्योतिष की नई परिभाषा देनी होगी, तो वह इस प्रकार बनेगी।

'ज्योतिष विद्या वह दिव्य विज्ञान है, जो भूत, भविष्य एवं वर्तमान तीनों कालों को जानने समझने की कला सिखलाता है। साथ ही जिसके माध्यम से हम अपने शुभाशुभ भविष्य को बदलने की क्षमता भी प्राप्त करते हैं।'

अब इस प्रायोगिक (सैद्धान्तिक) बात को हम प्रेक्टिकल रूप से समझने का प्रयत्न करते हैं। महर्षि पराशर कहते हैं कि पंचमेश नीच का होकर यदि छठे, आठवें एवं बारहवें स्थान में हो तो 'पुत्रहीन योग' बनता है। फिर कहते हैं कि **'प्रयत्नेन पुत्रं लभति'** अर्थात् उस जातक को पुत्र नहीं होता। किन्तु प्रयत्न करने से पुत्र होगा। अब इस 'प्रयत्न' शब्द से क्या मतलब? यहां यह समझने की बात है, सांसारिक प्रयत्न तो स्त्री-पुरुष कर चुके हैं अब कौन-सा प्रयत्न बाकी रहा। शास्त्र कहते हैं– **'प्रयत्नं त्रिविधा प्रोक्ता'** प्रयत्न तीन प्रकार के कहे गये हैं, जिसका वर्णन मैं पहले कर चुका हूं– औषध, मणि एवं मन्त्र-चिकित्सा।

भृगु सूत्र के माध्यम से महर्षि भृगु कहते हैं कि पंचमेश दुःस्थानों में हो एवं पंचम भाव में राहु हो तो–

'पुत्राभावः सर्पशापात् सुतक्षयः'

सर्प-दोष से सन्तान का नाश होकर जीवन में पुत्र का अभाव रहता है। हमारे पास जोधपुर में दिनांक 18.6.1985, सांय 4 बजे वृश्चिक लग्न में जन्मा एक जातक आया। जिसकी कुण्डली में उपर्युक्त दुर्योग स्पष्ट था। विवाह के बीस वर्ष पश्चात् अनेक दवा करने के बाद भी सन्तान नहीं हुई। निदान हेतु हमारे यहां आया हमने 'सर्प योग' की निवृत्ति की, ग्रह शान्ति प्रयोग के साथ पुत्रेष्टि यज्ञ किया। आज उसकी गोद में एक साल का बच्चा है।

इसी प्रकार शास्त्रकार कहते हैं कि दो पाप ग्रहों के बीच चन्द्रमा हो, लग्नेश छठे, आठवें व बारहवें स्थान को प्राप्त हो तो **'स याति सम मन्दिरम्'** ऐसा व्यक्ति छोटी अवस्था में ही परलोक सिधार जाता है। अनेक बार इसी प्रकार की ग्रह-स्थिति से पीड़ित लोग हमारे पास आये। बीमारी से हताश हुए लोग आये, जिनके लिये दवाइयों ने काम करना बन्द कर दिया। डॉक्टर ने कहा--अन्तिम स्टेज है, अब तो ईश्वर को याद करो।

हमने दवाइयां छुड़वा दीं 'महामृत्युंजय' के प्रयोग किये। ईश्वर की कृपा से आज वे जीवित हैं। कई लोग ऐसे भी हैं जिनकी बीमारी मन्त्रों के प्रयोग से भी ठीक नहीं हुई परन्तु उन्हें कुछ राहत है। जीवन के व्यावहारिक, धरातल पर कई बार यह भी अनुभव हआ कि 15 प्रतिशत केस ऐसे भी हैं जिन्हें मन्त्र चिकित्सा, यज्ञ-अनुष्ठान एवं यंत्र देने से भी लाभ नहीं हुआ। तो क्या शास्त्र वचन भी गलत है। नहीं, ऐसा नहीं! शास्त्रों के गहन अवलोकन से ज्ञात होता है कि-

अवश्यमेव भोक्तव्यं कर्तुम कृतं शुभा शुभम्।
अत्युत्कटानां पापानां इहैव फलमश्नुते।।

भविष्य कर्म से बदला जाता है परन्तु प्रबल भविष्य नहीं बदलता है-**'मन्त्र तन्त्रौषधी बलात्'** से उसको हलका किया जा सकता है। शूल की पीड़ा सुई में बदली जा सकती है।

संचित कर्म ही प्रारब्ध हैं। क्रियमाण कर्म संचित होता है। प्रारब्ध को कृत कर्मों से बदला जा सकता है। यदि वे अत्युत्कट हों, बलवान हों, तो उन्हें हलका किया जा सकता है। दरिद्र व्यक्ति तपस्या से, पूर्व संचित कर्म का नाश कर सकता है। अपुत्री आशीर्वाद व अनुग्रह से पुत्र प्राप्त कर सकता है। अल्पायु दानाद से दीर्घायु में परिवर्तन हो सकती है। ऐसे अनेक उदाहरण शास्त्रों में अनेक स्थलों पर उद्धृत हैं।

अत: प्रारब्ध क्या है? यह ज्योतिष बतलाता है। उसे कैसे हटाया जाये यह कर्म काण्ड व धर्म शास्त्र दिखलाता है। ज्योतिष पूर्वार्द्ध है तो कर्मकाण्ड उसका उत्तरार्द्ध खण्ड है। कर्म काण्ड को, धर्म शास्त्र को जाने बिना ज्योतिष का ज्ञान अधूरा है।

ज्योतिष विज्ञान के द्वारा मनुष्य यदि प्रारब्ध जानेगा ही नहीं तो युक्ति और पुरुषार्थ विफल होंगे। जानने पर ही उस पूर्व संचित कर्म का प्रायश्चित्त करके उसे हटाने की दिशा में मनुष्य कर्म करेगा। तभी उसका पुरुषार्थ सफल होगा। भाग्य बीज है और पुरुषार्थ उसे पल्लवित करता है। समय फल को देता है। फल पाक का समय ज्ञान ही ज्योतिष विज्ञान है। शास्त्रोक्त कर्म से भाग्य में परिवर्तन लाने की क्रिया ही ज्योतिष शास्त्र की सही उपादेयता है जो कि मानव जीवन की सार्थकता के लिये ईश्वरीय धरोहर का अमूल्य वरदान है।

भविष्यवाणी सही हुई

अज्ञातदर्शन के विद्वान् सम्पादक पं. भोजराज द्विवेदी ने प्रधानमन्त्री श्री चन्द्रशेखर की शपथकालीन कुण्डली की विस्तृत विवेचना करते हुए स्पष्ट लिखा था कि **यह शपथ कुण्डली, 'बालारिष्ट योग'** में बनी है अत: **अधिक-से-अधिक आठ महीने** तक यह शासन चल सकता है। जिस दशा की वजह से श्री **चन्द्र शेखर प्रधानमंत्री**

बने हैं उस दशा का प्रभाव 27.2.1991 तक ही रह पायेगा।

भारत का दुर्भागय है कि यह शपथ शनिवार के दिन रिक्ता तिथि को ली गई जबकि सूर्योदय से ही 'दग्धयोग' चल रहा था। इसके साथ ही यह लिखा था कि देश की राजनीति में जून माह में भारी उलट-फेर होगा एवं मध्यावधि चुनाव की स्थिति बनेगी। ये सभी भविष्यवाणी उन्हीं दिनों 'साप्ताहिक ब्लिट्ज', 'दैनिक जलतेदीप' से ही अनेक समाचारपत्रों में प्रकाशित हुई। उपर्युक्त सभी बातें जो उस समय असम्भव लगती थीं, आज सच हो गई हैं। इसके साथ पं. भोजराज द्विवेदी द्वारा की गई अब तक 1202 भविष्यवाणियां सही पायी गई हैं जो कि ज्योतिषजगत में एक **अपूर्व रिकॉर्ड है।**

***

डायमंड बुक्स में डॉ. भोजराज द्विवेदी का ज्योतिष, वास्तु, तंत्र, मंत्र, यंत्र

ज्योतिष और संतान योग

संसार का प्रत्येक व्यक्ति अपना वंश चलाने के लिए संतान चाहता है। संतान प्राप्ति की प्रबल इच्छा उसके हृदय में प्रत्येक क्षण विद्यमान रहता है। किंतु कई बार ऐसा भी होता है कि यह सुअवसर उसके जीवन में कभी नहीं आ पाता। प्रकृति अपने ढंग से इस वंश-वृक्ष की जड़ को ही रोक देती है। कभी ऐसा भी होता है कि संतान के रूप में कन्याएं ही होती हैं और पुत्र की प्राप्ति नहीं होती। किसी को पुत्र प्राप्त होता है तो ऐसा कुपुत्र जिसका होना-न-होना एक समान होता है। आखिर क्यों होता है ऐसा? यह एक कठिन प्रश्न है और इसका उत्तर ज्योतिषशास्त्र के अतिरिक्त अन्य किसी के पास नहीं। मनुष्य के जीवन में कितने पुत्रों का योग है, कितनी कन्याओं का योग है एवं होने वाली संतान कुपुत्र होगी अथवा सुपुत्र—यह सब केवल जन्म कुंडली के विवेचनात्मक अध्ययन से ही जाना जा सकता है।

ज्योतिष और आयुष्य योग

सांसारिक प्राणी को समझ में न आने वाली सबसे विकट व कठिन समस्या है उसकी आयु की दीर्घता एवं मृत्यु का समय निश्चित करना। यह बड़े गौरव व आत्मसंतुष्टि का विषय है कि ज्योतिषशास्त्र में इस अत्यंत विकट एवं कठिन विषय पर व्यापक चिंतन किया गया है। इस पुस्तक के पढ़ने मात्र से आप संसार भर के प्राणियों के जीवन के बारे में, उनकी आयु के बारे में यथा—परमायु, तथ्यों की न केवल जान पाएंगे अपितु उसकी निवृत्ति हेतु शास्त्रीय उपायों के बारे में भी महत्त्वपूर्ण जानकारी प्राप्त कर सकेंगे। इतना ही नहीं, अलग-अलग लग्नों के मारकेश निर्णय, मृत्यु के कारण पर प्रामाणिक जानकारी भी प्रयोगात्मक उदाहरणों सहित पुस्तक में प्रस्तुत की गई है।

ज्योतिष में भवन, वाहन और कीर्ति योग

मनुष्य जीवन के पुरुषार्थ, पराक्रम एवं अस्तित्व की सबसे बड़ी पहचान ये है कि उसके पास निजी मकान है अथवा नहीं? उत्तम भवन प्राप्त करना जहां एक सौभाग्य है वहीं जीवन की सार्थकता का प्रथम सोपान भी है। इसके अतिरिक्त निजी वाहन भी आज के व्यस्त जीवन का एक आवश्यक अंग बन गया है। जीवन के लिए यह ही आवश्यक है। जीवन में यश नहीं तो कुछ भी नहीं। किन्तु इन सबकी प्राप्ति तभी संभव है जब मनुष्य के जन्म कुंडली में भूमि, वाहन एवं कीर्ति आदि का योग है। ज्योतिशास्त्र के अनुसार मनुष्य जीवन में योग के बिना किसी वस्तु की प्राप्ति नहीं। योग एक से तालमेल को कहते हैं और इसकी जानकारी के लिए जन्म कुंडली का विवेचनात्मक अध्ययन आवश्यक होता है।

ज्योतिष और राज योग

राजयोग में वर्णित सम्राट, महाराजाधिराज के युग अब समाप्त हो गए। उनकी जगह राष्ट्रपति, प्रधानमंत्री, मंत्री आदि ने ले ली है। ज्योतिष योगों का आधुनिकीकरण आवश्यक हो गया है। कौन-से ग्रह व्यक्ति को राजनीति की ओर मोड़ते हैं? राजनेता, मंत्री, मुख्यमंत्री, प्रधानमंत्री एवं राष्ट्रपति के सर्वोच्च पद पर व्यक्ति किन-किन योगों के कारण पहुंचता है—इसके विवेचन उदाहरण भी कुंडलियों सहित इस पुस्तक में पहली बार पाठकगण देख पाएंगे। पूर्व जन्म में किया गया पाप भी इस जन्म में कुष्ठ, क्षय, प्रमेय, अतिसार एवं भगंदर जैसे रोगों के रूप में प्रकट होता है। फलतः ऐसे रोग मात्र औषधि चिकित्सा से पूर्णतः नष्ट नहीं होते। इस पुस्तक में ऐसे अनेक रोगों के उपचार संबंधी चर्चा की गई है।

डायमंड बुक्स में डॉ. भोजराज द्विवेदी का ज्योतिष, वास्तु, तंत्र, मंत्र, यंत्र सम्बन्धी

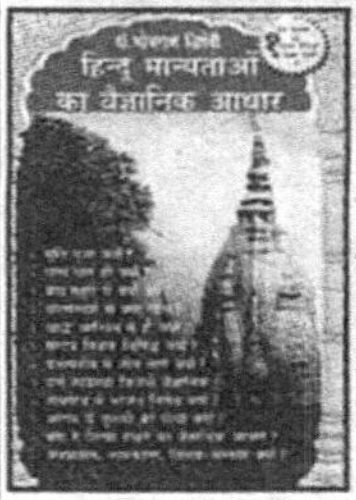

हिन्दू मान्यताओं का वैज्ञानिक आधार

तैंतीस करोड़ देवी-देवताओं को पूजने वाले हिन्दू धर्म की अनेक शाखाएं हैं, साकार-निराकार रूपों में अपने मन के आराध्य को पूजने के कई विकल्प हैं, अन्य धर्मों की अपेक्षा पूजा के विधान को अपने ढंग से चुनने की स्वतंत्रता कहीं ज्यादा है, परंतु कुछ मान्यताएं ऐसी हैं जो न बदली हैं, न बदलेंगी। चिर काल से यथावत चली आ रही इन मान्यताओं का वैज्ञानिक आधार क्या है, इसे सरल व सहज ढंग से समझाया है डॉ. भोजराज द्विवेदी ने। पाठक अपनी मान्यताओं के वैज्ञानिक पक्ष से परिचित हो सकें, इसी उद्देश्य के साथ हमने यह पुस्तक तैयार की है।

रेखाओं का रहस्यमय संसार

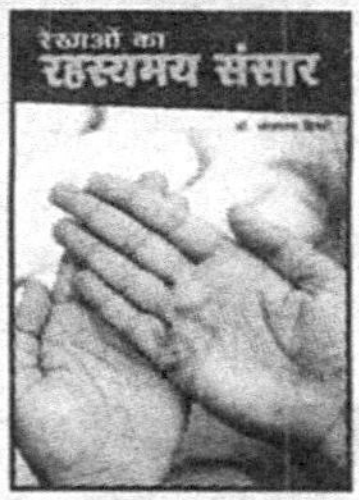

अपने चालीस वर्षों के सघन अनुसंधान में दो लाख से अधिक हस्तरेखा नमूनों के परीक्षण के परिणामस्वरूप डॉ. भोजराज द्विवेदी की यह पुस्तक किसी भारतीय विद्वान द्वारा लिखी गई संसार की सर्वश्रेष्ठ एवं बेजोड़ पुस्तकों में सर्वोपरि स्थान रखती है। इस पुस्तक में अनुभवसिद्ध एवं व्यावहारिक ज्ञान के द्वारा जेरमिन, कीरो एवं बेन्हाम जैसे विदेशी विद्वानों को भी मीलों पीछे छोड़ दिया है। पाश्चात्य एवं पौर्वात्य सिद्धांतों से परिपूर्ण कंप्यूटर की भांति शीघ्र फलादेश बताने वाली यह पुस्तक हस्तरेखाओं का विश्वकोश है। इसमें हस्तरेखा-शास्त्र के परंपरागत इतिहास पर भी मूल्यवान सामग्री प्रबद्ध पाठकों के लिए पहली बार प्रस्तुत की जा रही है।

डॉ. भोजराज द्विवेदी

अपनी जन्मपत्री स्वयं पढ़ें

मेष लग्नफल ....
वृष लग्नफल ....
मिथुन लग्नफल ....
कर्क लग्नफल ....
सिंह लग्नफल ....
कन्या लग्नफल ....
तुला लग्नफल ....
वृश्चिक लग्नफल ....
धनु लग्नफल ....
मकर लग्नफल ....
कुंभ लग्नफल ....
मीन लग्नफल ....
शनि उपचार ....
हिन्दू मान्यताओं का धार्मिक आधार
वास्तु जिज्ञासाएं एवं समाधान....
अंकों का अद्भुत संसार ....
हिन्दू विवाह एवं यज्ञोपवीत संस्कार ....
पर्यावरण वास्तु ....
कुतुबमीनार हिन्दू वेधशाला........
मंत्र शक्ति और साधना ....
तंत्र शक्ति और साधना............
यंत्र शक्ति और साधना ....
हिप्नोटिज्म ....
पांव तले भविष्य ....
अंत्येष्टि कर्म पद्धति ....
षटपंचाशिका (प्रश्न विज्ञान) .....
सस्वर रुद्राभिषेक प्रयोग ....
अपनी जन्म पत्रिका आप बनाएं ...
ज्योतिष और विवाह योग ....
ज्योतिष प्रश्नोत्तरी ....
भूकम्प के ज्योतिषीय विश्लेषण पर सारगर्भित अध्ययन ....
शाबर मंत्र ....